Sozialmanagement I:
Zielfindung und Problemlösung

Die REIHE SOZIALE ARBEIT richtet sich an Studierende der Studiengänge Sozialwesen, Sozialarbeit, Sozialpädagogik und Soziale Arbeit. Die Bücher dieser Reihe zeichnen sich durch
→ die starke Orientierung an der Praxis sozialer Berufe,
→ einen didaktisch sinnvollen Aufbau,
→ aktuelle Inhalte, wichtige Trends und Fachdiskussionen sowie
→ ein studentenfreundliches Layout mit übersichtlichen Strukturen
aus und bereiten zukünftige Diplom-Sozialarbeiter und -Sozialpädagogen optimal auf ihr berufliches Handeln vor.

Für die fachliche Kompetenz der Reihe bürgt der Wissenschaftliche Beirat Soziale Arbeit im Fortis Verlag FH. Didaktisch erfahrene, wissenschaftlich anerkannte Dozentinnen und Dozenten und Fachleute aus der Praxis Sozialer Arbeit betreuen die Themenbereiche
• Grundlagen
• Arbeitsformen
• Schlüsselqualifikationen
• Sucht, Devianz, Kriminalpolitik
• Kinder-, Heil- und Medienpädagogik
• Arbeits- und Handlungsfelder
• Ökonomie – Planung – Organisation
• Gesellschafts und Sozialpolitik
• Recht.

Der Themenbereich **Ökonomie – Planung – Organisation,** betreut von Prof. Dr. Herbert Bassarak und Prof. Dr. Rüdiger Spiegelberg, behandelt Fragen der Führung, Leitung, Organisation und Qualitätssicherung sozialer Einrichtungen sowie erforderliche methodische Kompetenzen.

REIHE SOZIALE ARBEIT

Sozialmanagement I:
Zielfindung und Problemlösung

Mathias Stübinger
Werner Apfelbacher
Werner Reiners-Kröncke

herausgegeben von
Herbert Bassarak und Rüdiger Spielgelberg

 **Fortis FH**

Fortis Verlag FH in Verlagsgemeinschaft mit
Bohmann Buchverlag – MANZ – Bildung Sauerländer
Köln – Wien – Aarau – Bern

Die Deutsche Bibliothek – CIP Einheitsaufnahme

Sozialmanagement [Medienkombination] / Werner Apfelbacher ... –
Köln : Fortis-Verl.
  (Reihe soziale Arbeit)
  ISBN 3-933430-61-5
1. Zielfindung und Problemlösung
Buch. – 1999
1. Zielfindung und Problemlösung
Diskette. – 1999

Vertrieb
→ in Deutschland über InterMedia, Fuggerstraße 7, D – 51149 Köln,
   Tel.: 02203 / 30 29 – 82, Fax: 02203 / 30 29 40
   Bestellnr.: 3 – 933430 – 61 – 5

→ in Österreich und Südtirol über
   MANZsche Verlags- und Universitätsbuchhandlung GmbH,
   Siebenbrunnengasse 21, A – 1050 Wien, Tel.: 01 / 531 61 DW 330,
   Fax: DW 339
   Bestellnr.: 3875 0054 001

→ in der Schweiz über Sauerländer AG, Verlage,
   Laurenzenvorstadt 89, Postfach, CH – 5001 Aarau,
   Tel.: 062 / 836 86 DW 86, Fax: DW 20
   Bestellnr.: 3 – 933430 – 61 – 5

ISBN: 3-933430-61-5

Fortis Verlag FH GmbH
Fuggerstraße 7   51149 Köln

Sie finden uns im Internet unter: http://www.fortis-verlag.de

Die nützlichsten Bücher sind die,
die den Leser anregen,
sie zu ergänzen.
VOLTAIRE

Vorwort der Herausgeber

Die Praxis Sozialer Arbeit und das Anforderungsprofil der Fachkräfte sind einem starken Wandel unterworfen; öffentliche, freie und private Träger Sozialer Arbeit fragen verstärkt qualifizierte Fachkräfte nach.

Das Thema Sozialmanagement erfreut sich seit Jahren wachsenden Interesses: Autorinnen und Autoren widmen sich vermehrt diesem Thema, entsprechende Fachzeitschriften werden gegründet. Fachhochschulen richten Aufbaustudiengänge oder grundständig neue Fachbereiche Sozialmanagement ein. Fachknoten Sozialmanagement bilden regionale Netzwerke und es konstituieren sich überregional und bundesweit Sozialmanagement-Verbundsysteme. Vor drei Jahren etablierte sich außerdem die Bundesarbeitsgemeinschaft Sozialmanagement lehrender Hochschulprofessorinnen und -professoren.

Mit dem ersten Band der Reihe **Sozialmanagement** „Zielfindung und Problemlösung" wählten die praxiserfahrenen Verfasser, ausgewiesene Fachkräfte der Sozialen Arbeit in Praxis und Theorie, bewusst einen neuen Zugang zu diesem wichtigen Thema. Im Vordergrund stand die systematische, didaktische Aufbereitung praxisrelevanter Fragestellungen für die konkrete Alltagsarbeit. Das Ergebnis ist die gelungene Synthese sozialarbeitswissenschaftlicher, verwaltungswissenschaftlicher, pädagogischer, psychologischer, soziologischer sowie betriebswirtschaftlicher Grundlagen. Dem Leser werden theoretische Erkenntnisse und praktische Erfordernisse anschaulich präsentiert und nachhaltig vermittelt. Übungs- und Reflexionsmöglichkeiten für Studium und Praxis erleichtern den Erwerb professionellen Wissens und der notwendigen Handlungskompetenz.

Die Autoren haben das dargestellte Instrumentarium in Lehre und Praxis evaluiert. Mit Hilfe der beigefügten Diskette zur Erstellung von Kopiervorlagen ist eine unmittelbare Anwendung des Instrumentariums in beruflichen Alltag möglich. Das zeichnet diesen Band aus und qualifiziert ihn zu einem besonders geeigneten Arbeitsmittel.

Nürnberg, Freiburg im Februar 1999   Herbert Bassarak
                                            Rüdiger Spielgelberg

Vorwort der Verfasser

Die Autoren sind langjährig, mit Freude und Engagement, im Bereich der Sozialen Arbeit tätig. Im Verlauf ihrer beruflichen Tätigkeit stellten sie aber immer wieder fest, dass ein praxisrelevantes, leicht einsetzbares Instrumentarium zur Verbesserung der Effektivität und Effizienz und somit zur Steigerung der Qualität und des Erfolges professionellen Handelns fehlte.

Auf der Suche nach konkreten Handlungskonzepten – besonders zur Reduzierung der kognitiven Dissonanz aus Misserfolg und Frustration einerseits sowie Motivation, Überzeugung und Einsatzbereitschaft anderseits – wurden die Autoren kaum fündig.

Über einen langen, intensiven Diskussions- und Reflexionsprozess gelangten die Verfasser schließlich zum **Sozialmanagement**, seinen grundsätzlichen Überzeugungen und ethischen Grundlagen.

In einem umfassenden, teils schwierigen und gelegentlich für alle Beteiligten auch belastenden Arbeitsprozess wurden vorhandene Erkenntnisse, Literatur und Medien zusammengetragen, um aus der Vielfalt der Ansätze und Darstellungen ein neues, innovatives und vor allem **handlungsrelevantes** Instrumentarium zu schaffen.

Dabei kamen die Verfasser auch zu der Überzeugung, dass es jede Art von Sozialer Arbeit – gleichgültig, ob sie eher individuell-helfend oder eher politisch-strukturierend motiviert ist – verdient, mit Hilfe des Sozialmanagements wirtschaftlicher, effektiver, wirksamer und damit befriedigender für die Rat und Hilfe Suchenden einerseits, wie auch für die professionellen Helfer andererseits, gestaltet zu werden.

Insgesamt verstehen die Autoren ihre Ausführungen als ein Angebot für Studium und Praxis, das unter Berücksichtigung der vier Grundforderungen des Sozialmanagements
- Partizipation
- Korrigierbarkeit
- Transparenz
- Nachvollziehbarkeit

vom Anwender kreativ genutzt, aber eben auch variiert werden kann.

Der Einsatz von Sozialmanagement soll auch Freude und Spaß bereiten. Erfahrene Anwender werden deshalb mit dem Instrumentarium „spielen", es möglicherweise ergänzen und erweitern.

Dazu sind aber Erfahrung, Können sowie Methodensicherheit erforderlich, so dass die Verfasser, aus ihrem eigenen Erkenntnisprozess heraus empfehlen, sich zunächst eng an dem dargestellten Instrumentarium zu orientieren.

Das Ringen der Autoren um das vorgestellte Konzept des Sozialmanagements kann mit dieser Buchreihe sicher nur ein vorläufiges Endstadium erreicht haben. Die Verfasser sind deshalb jederzeit für konstruktive Kritik und Anregungen aus dem Kreis der Leserinnen und Leser dankbar.

Bei Danksagungen wird gründlich recherchiert, damit niemand vergessen wird. Daraus entsteht meist eine lange Liste von Namen der Personen, denen Dank gebührt. Am Ende muss dann oft doch festgestellt werden, dass der eine oder andere vergessen wurde.

Um diese Peinlichkeit zu vermeiden, sagen die Autoren an dieser Stelle all den Menschen ganz herzlichen Dank, die durch Hinweise und Mitarbeit bei der Evaluierung des Instrumentariums, freundschaftliche Verbundenheit sowie geduldigen Beistand zur Entstehung dieses Buches beigetragen haben.

Die Verfasser möchten ausdrücklich darauf hinweisen, dass im Text – in Hinblick auf eine bessere Lesbarkeit – zwar die männliche Form der Textformulierung dominiert, aber eben immer auch die weibliche Form eingeschlossen ist.

Kulmbach, Hahnbach, Untersiemau im Februar 1999

Mathias Stübinger   *Werner Apfelbacher*   *Werner Reiners-Kröncke*

> *So eine Arbeit wird eigentlich nie fertig,*
> *man muß sie für fertig erklären,*
> *wenn man nach Zeit und Umständen*
> *das Mögliche getan hat.*
> JOHANN WOLFGANG VON GOETHE

Inhalt

1 Vorbemerkungen zum Sozialmanagement

1.1 Die wachsende Notwendigkeit, Soziale Arbeit zu managen

Organisationen der Sozialen Arbeit bieten eine Vielzahl von Dienstleistungen an. Das Spektrum der unterschiedlichen Betätigungsfelder umfasst dabei Kinder-, Jugend- und Familienhilfe, Rehabilitation und Resozialierung, Gesundheitsvorsorge und Heilbehandlung, Erwachsenenbildung, Altenarbeit und vieles andere mehr.

Soziale Organisationen bieten Dienstleistungen an, ...

Institutionen, die gemeinnützige Aufgaben oder staatliche Aufträge der Sozialpolitik übernehmen, sind in der Regel nicht primär gewinnorientiert. Vielmehr verfolgen Non-Profit-Einrichtungen[1] vorrangig die Sachziele in ihrem speziellen Tätigkeitsfeld, wie beispielsweise optimale Hilfeleistungen für behinderte Menschen oder bestmögliche psychosoziale Beratung der Klienten.

... verfolgen primär Sachziele ...

Ungeachtet der Tatsache, dass ein finanzieller Unternehmenserfolg gegenüber der Qualität der Leistungen zurücktritt, ist das Handeln sozialer Verbände und Betriebe an Grundsätze der Wirtschaftlichkeit gebunden, d.h. das vorhandene Budget und die Mitarbeiter der Einrichtung müssen möglichst effektiv eingesetzt werden.

... und sind zu kostendeckendem ...

Die steigende Wettbewerbsintensität, eine zunehmende Komplexität organisatorischer Strukturen sowie die Tendenz zur Kostensenkung bedingt zudem die Einführung transparenter, nachvollziehbarer Führungs- und Handlungskonzepte im sozialen Bereich.

... und qualifiziertem Handeln verpflichtet.

Häufig sind derartige Management-Strukturen in sozialen Organisationen nicht oder nur unzureichend eingeführt. Dies mag zum Teil daran liegen, dass erst in den letzten Jahren erkannt wurde, welche Vorteile effektives Management erbringen kann, und dass bisher „kühles" Managen und „empathisches" Annehmen der Klientel als unvereinbare Größen galten.

---

[1] Die Autoren verwenden in der **Reihe „Sozialmanagement"** die Begriffe „Sozialmanagement" und „Non-Profit-Management" synonym. Es ist in der Regel einfacher von „Non-Profit-Organisationen" einerseits und der Methode „Sozialmanagement" andererseits zu sprechen. Selbst wenn diese Begriffe an anderer Stelle, von anderen Autoren mit unterschiedlichen, abweichenden Inhalten gefüllt werden sollten, soll für diese Arbeit eine Gleichsetzung gelten.

1.2 Elemente des Sozialmanagements

Partizipation

Um den Herausforderungen des gesellschaftlichen Wandels gerecht zu werden, muss das Sozialmanagement **Partizipation** aller Beteiligten anstreben, d. h. jeder, der von einer Entscheidung betroffen ist, sollte auch am Prozess der Entscheidungsfindung teilhaben.

Korrigierbarkeit

Die Möglichkeit der **Korrigierbarkeit** ist bei allen Maßnahmen in Betracht zu ziehen. Ergebnisse von Arbeitsprozessen und daraus abgeleitete Vorhaben müssen jederzeit hinterfragt werden können und dementsprechend auch veränderbar sein.

Transparenz

Um dies zu gewährleisten, ist eine weitere Grundforderung des Sozialmanagements die **Transparenz**, d. h. die (gemeinsam) getroffenen Vereinbarungen und Beschlüsse werden auch für alle Betroffenen offen zugänglich protokolliert.

Nachvollziehbarkeit

Dieses Prinzip der schriftlichen Dokumentation aller Arbeitsschritte dient schließlich auch der **Nachvollziehbarkeit**. Nur über eine Aufzeichnung der jeweils relevanten Ereignisse und Daten ist eine effektive Reflexion und Evaluierung des Handlungsvollzuges denkbar.

Anwendungsbereiche

Die Management-Techniken sind so aufgebaut und miteinander inhaltlich verknüpft, dass sie sowohl
- im persönlichen Bereich
- bei der Arbeit mit Klienten
- und im institutionell-organisatorischen Rahmen
Anwendung finden können.

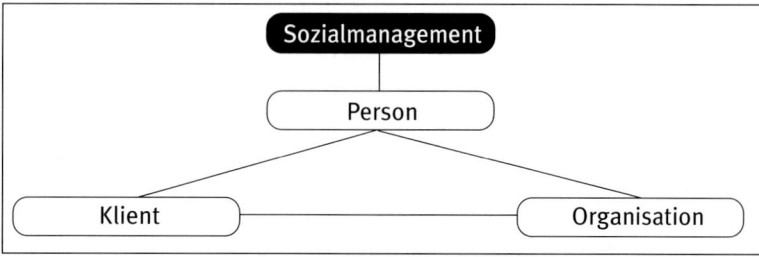

Abb. 1: Anwendungsbereiche des Sozialmanagements

Inhalte

Ausgehend von der Situationsanalyse werden im Managementprozess Ziele entwickelt und bestehende Probleme mit systematischen Methoden zielgerichtet bewältigt. Planungsverfahren ermöglichen die Realisierung von Zielen und die Durchführung der problemlösenden Handlungen. Eine Kontrolle der Zielerreichung und Problemlösung bewirkt, dass Erfolg oder Misserfolg einer Tätigkeit eingeschätzt werden können.

Der Management-Regelkreis fasst die zentralen Inhalte des Sozialmanagements zusammen:

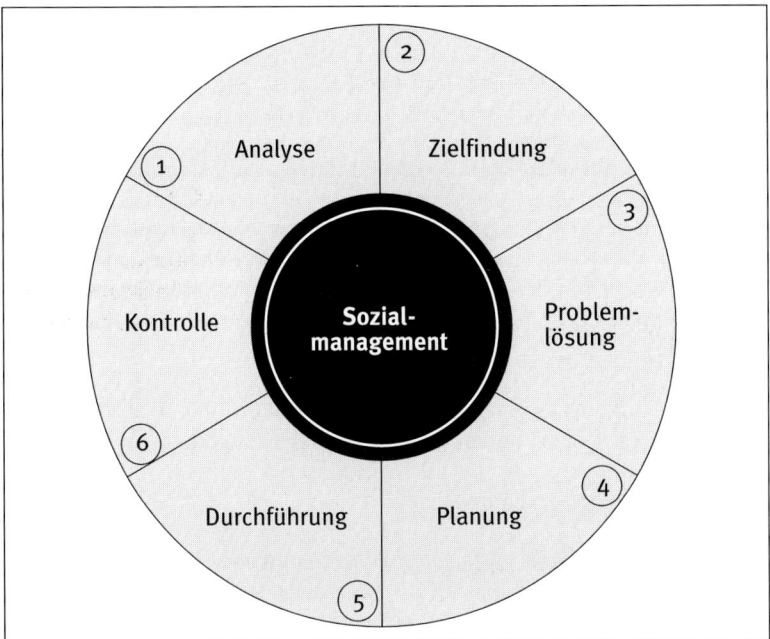

Abb. 2: Sozialmanagement-Regelkreis

Neben den dargestellten Themengebieten gehört Zeitmanagement, als übergreifende Technik, ebenso zum elementaren Kern des Sozialmanagements wie Kenntnisse und Fertigkeiten zur Analyse und Optimierung organisatorischer Strukturen sowie zur Führung und Leitung in sozialen Organisationen.

Die ersten vier Bände der **Reihe Sozialmanagement** tragen die Titel   **Reihe Sozialmanagement**
- **Zielfindung und Problemlösung**
- **Zeitmanagement, Planung und Kontrolle des Handlungsvollzuges**
- **Management der Organisationsstrukturen**
- **Personalmanagement**

In allen Bänden werden Analyseschritte, Durchführungshinweise, Kontrolltechniken themenspezifisch vorgestellt. Um den Arbeitsprozess effizienter zu gestalten, gehören zur Konzeption des Sozialmanagements auch verschiedene Techniken der kreativen Teamarbeit, Entspannungs- und Kommunikationsübungen. Deshalb werden einige ausgesuchte Verfahren im Anhang eines jeden Bandes kurz vorgestellt.

Das von den Autoren vorgestellte Konzept des Sozialmanagements ent-   **Neues Steuerungsmodell**
spricht in seiner Gesamtheit durchaus den Anforderungen an ein *„Neues Steuerungsmodell"* für die Soziale Arbeit. (vgl. BASSARAK 1997, S. 13).

Durch betriebswirtschaftlichen Fachdisziplinen wie z. B. Rechnungswe-   **Ergänzung der Methode**
sen, Buchführung sowie arbeitsrechtliche Grundlagen, Kenntnisse im

Umgang mit elektronischer Datenverarbeitung (EDV), Moderations-
techniken, Supervision usw. wird die *Methode Sozialmanagement* an
anderer Stelle zwingend vervollständigt.

1.3 Konzeptionelle Gestaltung der Buchreihe

Praktische Anwendung des Konzeptes als primäre Zielsetzung

Intention der ersten vier Bände ist es vor allem, theoretische Erkenntnisse einer praktischen Anwendung zuzuführen und nicht in eine theoretische Grundlagen-Diskussion einzusteigen. Deshalb sind in jedem Buch als
konzeptioneller Bestandteil Arbeits- und Formblätter, Checklisten oder
Fragebögen enthalten.

Kopiervorlagen auf Diskette

Um eine Nutzung des entwickelten Instrumentariums in der Praxis zu
erleichtern sind den Bänden jeweils Disketten angefügt, die diese Vordrucke als Kopiervorlagen – in einem mittels Computer reproduzierba-
ren Format – zur Verfügung stellen.

Die Beigabe der Kopiervorlagen in Diskettenform erlaubt es dem Nutzer
zusätzlich, mit Hilfe seines PCs individuelle Veränderungen und/oder
Ergänzungen an den Arbeitsunterlagen vorzunehmen.

Die Kopiervorlagen sind den Bänden durch römische Zahlen (I) zugeordnet und durch arabische (1) laufend nummeriert, so dass ein leichtes,
eindeutiges Auffinden auf der Diskette möglich ist.

Evaluierung der Arbeitsunterlagen ...

Alle Vorlagen wurden von den Autoren in Lehre und Praxis der Sozialen
Arbeit mehrjährig eingesetzt, auf Verständlichkeit und Brauchbarkeit
überprüft. Sie sind somit in den Büchern in evaluierter Form enthalten.

... und des Gesamtkonzeptes

Dieser Evaluierungsprozess erforderte gleichzeitig eine Überprüfung des
Gesamtkonzeptes, der theoretischen Grundlagen und der Lehrtexte, so
dass auch in dieser Hinsicht nur überprüfte Inhalte in die Bände einge-
arbeitet sind.

Abgeschlossene Themenkapitel

Die Inhalte sind in abgeschlossenen Kapiteln dargestellt, die Arbeitseinheiten bilden. Der Leser und/oder Anwender kann somit in seiner praktischen Arbeit auch ein für ihn relevantes oder aktuelles Einzelthema bearbeiten.

Dabei führen ihn Fußnoten und Verweisungen zu den Schnittstellen zu
anderen Arbeitseinheiten, so dass auch bei dieser selektiven Bearbeitung
das Gesamtkonzept deutlich bleibt.

Gerahmte Textstellen

Zur leichteren Einprägsamkeit der Inhalte, zur Meditation, Reflexion
und Ergänzung sowie zum distanzierenden Nachdenken sind in den
laufenden Text Merksätze, Definitionen und Aphorismen eingefügt.
Diese Textstellen sind entweder den Kapiteln vorangestellt oder im laufenden Text durch schattierte Rahmen hervorgehoben. Sie unterbrechen

nicht den fortlaufenden Text mit seinen Fußnoten und Literaturhinweisen.

In jedem Buch sind als Anhang Methoden kreativer Teamarbeit, Entspannungs- und Kommunikationsübungen enthalten. Die im Text beschriebenen Arbeitsschritte können mit Hilfe dieser Techniken besser bearbeitet werden. Dabei ist selbstverständlich zu bedenken, dass die Vorstellung dieser Methoden nur eine exemplarische Auswahl sein kann, die selbstverständlich aufgrund der Erfahrungen und Fertigkeiten des Lesers ergänzt oder verändert werden können.

Kreativtechniken, Entspannungs- und Kommunikationsübungen im Anhang

Da nicht alle Fragestellungen in den Büchern vertieft behandelt werden können, findet der Leser und Anwender am Ende jeden Kapitels Hinweise auf Literatur, in welcher die Ausführungen der Verfasser ergänzt und erweitert werden. Am Endes jeden Bandes ist neben der Liste der verwendeten Literatur auch eine Zusammenfassung der weiterführenden Literatur zu finden.

Literaturhinweise

1.4 Zum Inhalt dieses Bandes

Der hier vorliegende erste Band der Reihe **Sozialmanagement** mit dem Titel **Zielfindung und Problemlösung** beinhaltet zunächst Techniken zur Selbstfindung, die als Grundlage der persönlichen Zielfindung erforderlich sind.

Themenüberblick

Die Technik der persönlichen Zielfindung wird auf die Zielfindung für den Klienten übertragen und dort auch erweitert. Eine weitere Veränderung und Ergänzung erfährt die Technik durch die Zielfindung für die Organisation.

Die Methode der systematischen Problemlösung enthält Technikelemente des Zielfindungsprozesses. Ferner sind Problemlösung und Zielfindung in Teilen aufeinander bezogen, so dass es sich anbot, diese Management-Technik gemeinsam in einem Band darzustellen.

Wer einmal sich selbst gefunden,
der kann nichts auf der Welt mehr verlieren,
und wer einmal die Menschen in sich begriffen,
der begreift alle Menschen.
STEFAN ZWEIG

2 Selbstfindung

2.1 Vom Sinn der Selbstfindung

Jede Person hat individuelle Stärken und Schwächen. Nur wenige Menschen sind sich allerdings darüber bewusst, wo genau ihre besonderen Fähigkeiten liegen, auf welchen Gebieten sie Begabungen aufweisen, in welchen Bereichen eher Defizite vorhanden sind und für welche Anforderungen sie weniger Anlagen besitzen. Ohne die Kenntnis der persönlichen Stärken und Schwächen ist es jedoch kaum möglich, Ziele für die Gestaltung des eigenen Lebens zu finden.

Jeder Mensch hat Stärken und Schwächen.

Die Unwissenheit über die eigene Persönlichkeitsstruktur verhindert somit erfolgreiches und selbstsicheres Handeln in vielen privaten wie beruflichen Lebensbereichen. Das Tun des Einzelnen läuft vielfach ziellos und planlos, unbewusst und unreflektiert ab. Zwangsläufig auftretende Misserfolge werden nicht selten auf eine generelle Unfähigkeit, auf eigenes Unvermögen zurückgeführt. Erfolge hingegen werden allzu leicht als selbstverständlich hingenommen. Dieser Zustand stellt sich oft als in hohem Maße unbefriedigend und belastend für den Betroffenen dar. Entwicklungen und Veränderungen werden gehemmt.

Die unzureichende Auseinandersetzung mit der eigenen Persönlichkeit führt zu Fehleinschätzungen.

Die Vertrautheit mit persönlichen Stärken und Schwächen kann demgegenüber dazu beitragen, wirksamer, gezielter und selbstbewusster in alltäglichen Situationen zu agieren. Der Mensch, der sich selbst kennt, wird sich im Beruf und in der Freizeit stärker auf Bereiche und Themen konzentrieren, in denen er Besonderes und Herausragendes erreichen kann. Dies führt konsequenterweise zu einer Weiterentwicklung der Persönlichkeit.

Das Wissen um individuelle Eigenschaften fördert die Persönlichkeit.

Dort, wo Begabungsschwächen liegen, wird der Einzelne zunächst versuchen, Aufgaben an geeignete Mitarbeiter oder Freunde zu delegieren. Frustrationen können somit weitest gehend vermieden und einmal gesteckte Ziele dennoch erreicht werden. Sofern der nötige Energieaufwand lohnend erscheint, ist es möglicherweise erstrebenswert, erkannte Mängel gezielt zu bearbeiten und auszugleichen.

Derjenige, der sich selbst kennt, wird auch sensibler für das Verhalten anderer Menschen und für die eigene Wirkung auf die Umwelt. Dies kann sich entscheidend und in hohem Maße positiv auf Zusammenleben, Zusammenarbeit und Kommunikation mit anderen Personen auswirken.

Selbstfindung als Chance

Die Selbsterkenntnis birgt die Chance in sich, eigene Grenzen und Möglichkeiten wahrzunehmen und an Selbstsicherheit zu gewinnen. So können Misserfolge vermieden und Erfolge gesteigert werden. Eine Öffnung für Änderungen und eine Weiterentwicklung hin zu mehr Zufriedenheit ist damit möglich.

Die folgenden Arbeitsschritte sollen Ihnen dabei helfen, sich selbst besser zu verstehen und zu sich und Ihrer eigenen Persönlichkeit zu finden.

2.2 Selbstreflexion

Erbanlagen und Umwelteinflüsse gestalten die Persönlichkeit.

Die Persönlichkeit eines Menschen macht seine Einzigartigkeit aus. Sie ist nichts Zufälliges oder Angeborenes, sondern jeder von uns ist in ein bestimmtes Beziehungsnetz eingebunden, wird von seiner Umgebung geprägt und nimmt Einfluss auf diese. Verschiedenste Situationen und Ereignisse zeigen die unterschiedlichsten Wirkungen.

Vieles läuft unbewusst ab. Vererbte Anlagen werden durch Umwelteinflüsse gehemmt oder gefördert. Aus dem Wechselspiel von Erbe und Umwelt entsteht so die Persönlichkeit als „der Inbegriff aller prägenden Ereignisse in der Lebensgeschichte eines Individuums" (ROSNER 1985, S. 14).

Um zu einem Bild seiner eigenen Persönlichkeit zu gelangen ist es wichtig, unbewusste und bewusste Einflussfaktoren zu erkennen und in ihren Folgen für die Person einzuordnen. Der Einzelne muss sich klar werden, wo er in seinem Beziehungsgeflecht steht, er ist aufgefordert, seinen Mittelpunkt zu suchen. Ein erster Schritt dahin kann eine intensive Auseinandersetzung mit der eigenen Lebensgeschichte sein.

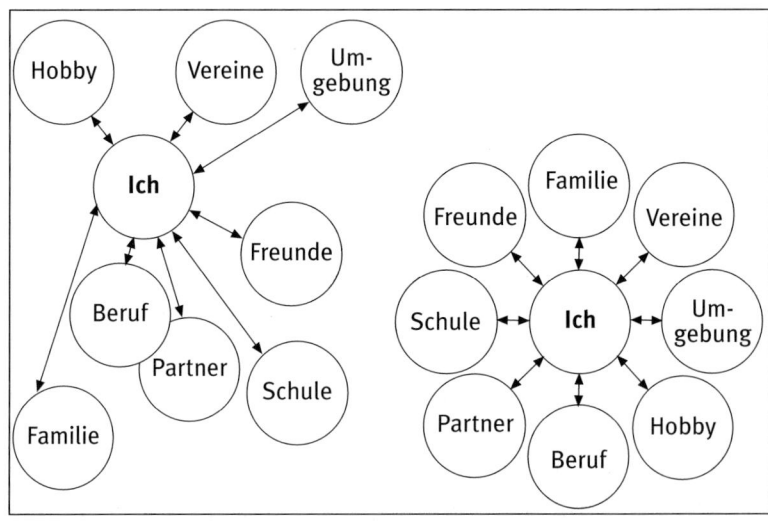

Abb. 3: Persönlichkeit und Beziehungsgeflecht

Der nachfolgende Fragenkatalog (*KV I-1*) soll Ihnen ein Leitfaden sein, Wichtiges in Ihrem Leben näher zu beleuchten. Nehmen Sie sich genügend Zeit für sich und die schriftliche Bearbeitung der einzelnen Fragen. Sie sollten eine ruhige, störungsfreie Umgebung wählen.

Bewahren Sie Ihre Ergebnisse gut auf, und überprüfen Sie den Fragenkatalog in Abständen von sechs bis acht Monaten. Ihre persönliche Situation und damit die Einstellung zu bestimmten Themen und Lebensbereichen kann sich ändern. Die gewonnenen Erkenntnisse werden Sie zudem als Ausgangspunkt für weitere Überlegungen in kommenden Arbeitsschritten benötigen.

Fragenkatalog zur Persönlichkeit (KV I-1)

1. Gibt es ein Erlebnis oder Ereignis in meiner Kindheit, an das ich mich heute noch besonders deutlich erinnern kann? Gibt es Gründe hierfür?

2. Wie war meine Herkunftsfamilie zusammengesetzt (Großfamilie, unvollständige Familie etc.)?

3. Wie waren meine Beziehungen zu den Bezugspersonen (Vater, Mutter, Geschwister usw.)?

4. Hat es einschneidende, emotional sehr belastende Veränderungen in meinen privaten Verhältnissen gegeben (Ablösungen, Verluste etc.)?

5. In welchem familiären Umfeld lebe ich zurzeit (eigene Familie, Single etc.)?

6. Wie sind die Beziehungen zu meinen primären Bezugspersonen heute (Vater, Mutter, Partner usw.)?

7. In welchen Wohnverhältnissen und in welcher Umgebung lebe ich?

8. Wünsche ich mir Veränderungen in meiner Wohnsituation/Umgebung?

9. In welchen Bereichen bin ich mit meiner derzeitigen Wohnsituation/Umgebung zufrieden?

10. Gab es Menschen, die mich besonders belastet haben, mit denen ich unversöhnliche Konflikte hatte?

11. Gibt es Menschen, die mich zurzeit besonders belasten, mit denen ich unversöhnliche Konflikte habe?

12. Gab es Menschen, die mir Freude bereitet haben, mit denen mich dauerhafte Freundschaften verbunden haben?

13. Gibt es Menschen, die mir Freude bereiten, mit denen mich dauerhafte Freundschaften verbinden?

14. Wie haben sich Freundschaften in meinem Leben entwickelt und verändert? (Begründung für die Freundschaft, für den Abbruch von Freundschaften)

15. In welchen Rollen erlebe ich mich, und welche Rollenerwartungen werden an mich herangetragen?

16. Gibt es Situationen, in denen ich mich schwach fühle?

17. Gibt es Situationen, in denen ich mich stark fühle?

18. Wie ernähre ich mich?

19. Welches Konsum- und Freizeitverhalten zeige ich?

20. Gab es in meinem Leben schwerwiegende Erkrankungen?

21. Wie sehe ich meinen körperlichen Allgemeinzustand heute?

22. Welches Verhältnis habe ich zu meinem Körper?

23. Wie fühle ich mich bezüglich meiner Sexualität?

24. In welchen Situationen bin ich angespannt?

25. In welchen Situationen fühle ich mich ausgeglichen und entspannt?

26. Welche Ausbildungen/Berufe hatte/habe ich (unter anderem auch Ausbildungsabbruch, Berufswechsel etc.)?

27. Was wurde/wird von mir bezüglich der Ausbildung/Beruf erwartet (von der Familie, Arbeitgeber, Kollegen, von mir selbst)?

28. Bin ich mit meiner jetzigen Tätigkeit zufrieden?

29. Besteht ein ausgewogenes Verhältnis zwischen Arbeit und Freizeit?

30. Fühle ich mich finanziell abgesichert?

31. Welche beruflichen Perspektiven sehe ich für die Zukunft? (Hoffnungen, Ängste usw.)

32. Welchen religiösen, politischen oder sozialen Werten fühle ich mich verpflichtet?

33. Wie verwirkliche ich diese Werte in meinem Leben?

2.3 Selbstanalyse

2.3.1 Transaktionsanalyse

2.3.1.1 Grundlagen der Transaktionsanalyse

In einer ersten Annäherung an Ihr Selbstbild haben Sie sich Lebensereignisse und Situationen verdeutlicht. In einem zweiten Schritt geht es nun darum, anhand standardisierter Testverfahren, gewisse Merkmale Ihrer Persönlichkeit herauszuarbeiten.

Theoretische Grundlagen der Transaktionsanalyse

Der erste Fragenkomplex, das „Egogramm zur Bestimmung der persönlichen Ich-Zustände" beruht auf der von ERIC BERNE begründeten Transaktionsanalyse, deren wichtigste theoretische Grundlagen einleitend kurz erläutert werden (vgl. STEINER 1985, S. 39 ff.).

Während in der klassischen Psychoanalyse eine Unterscheidung von Über-Ich, Ich und Es getroffen wird, befasst sich die Transaktionsanalyse lediglich mit den Ich-Zuständen der Person. Grundsätzlich werden drei Ich-Funktionen unterschieden:

- Kindheits-Ich (K-Ich)
- Erwachsenen-Ich (E-Ich)
- Autoritäts-Ich (A-Ich, auch als *Eltern-Ich* bezeichnet).

Kindheits-Ich

Das **Kindheits-Ich** entwickelt sich zuerst und stellt einen wertvollen, aber oft unterdrückten Bestandteil der Persönlichkeit eines Menschen dar. Es ist über das gesamte Leben hinweg wirksam. Der erwachsene Mensch, der sich im Ich-Zustand des Kindes befindet, handelt, denkt und fühlt in diesem Moment wie ein Kind. Die Art und Weise, wie Freude oder Trauer ausgelebt wird, ist beim Erwachsenen kaum vom Verhalten eines Kindes zu unterscheiden. Im Kindheits-Ich sind die Erbanlagen wie Triebe und Talente, alle Gefühle, Spontaneität und Kreativität gespeichert.

Zusätzlich enthält es Aufzeichnungen über frühere Erfahrungen und Reaktionen. Positive und negative Gefühle werden registriert und ständig neu durchlebt.

Das Kindheits-Ich zeigt sich in zwei Ausprägungen. Ein *angepasstes* Kindheits-Ich ist durch eher höfliches, unauffälliges, abhängiges und gehorchendes Verhalten gekennzeichnet. Das *natürliche* Kindheits-Ich äußert sich in Ideenreichtum, Zwanglosigkeit und Unbefangenheit. Es kann jedoch auch rebellische Erscheinungsformen wie Ablehnung, Aggressivität und Wut beinhalten.

Das **Erwachsenen-Ich** ist stärker auf Realität und Rationalität ausgerichtet und nicht auf das tatsächliche Lebensalter eines Menschen bezogen. Wahrgenommene Informationen und Reize werden aufgenommen, gesammelt und in ihrer Wirkung für die spezielle Person eingeordnet. Das Erwachsenen-Ich ist intelligent, anpassungsfähig und verarbeitet Informationen nach rein rationalen Gesichtspunkten. Emotionen und Gefühle spielen keine Rolle, wenn aus diesem Ich-Zustand heraus Entscheidungen getroffen und Handlungen vollzogen werden. Das Erwachsenen-Ich erneuert den Realitätsbezug der Person. Es unterstützt dabei, die Wirklichkeit unvoreingenommen zu betrachten.

Erwachsenen-Ich

Im **Autoritäts-Ich** werden hauptsächlich reale, tatsächlich durchlebte Erfahrungen und Einstellungen aus den ersten Lebensjahren des Menschen abgespeichert und in gegenwärtiges Handeln übertragen. Es ist gekennzeichnet durch unreflektierte Übernahme von vorgegebenen Werten und Normen und Imitation von Verhaltensweisen und Reaktionen wichtiger Bezugs- oder Autoritätspersonen. Hauptsächliche Vorbilder sind dabei die Eltern.

Autoritäts-Ich

Beim Autoritäts-Ich können zwei Unterscheidungen getroffen werden, die *kritische* und die *stützende* Erscheinungsform. Das kritische Autoritäts-Ich ist eher ermahnend, bewertend, bestrafend, kontrollierend und bevormundend, während das stützende Autoritäts-Ich eher als helfendes, fürsorgliches, lobendes, beratendes und anerkennendes Verhalten sichtbar wird.

Wurden Bezugspersonen beispielsweise als fürsorglich und unterstützend erlebt, so wird sich das vom Autoritäts-Ich gesteuerte Verhalten anderen Menschen gegenüber entsprechend äußern. Kritisch-bestrafende Vorbilder erzeugen analog dazu Persönlichkeiten mit eher kritischem Autoritäts-Ich.

Alle Ich-Zustände beeinflussen normalerweise das Verhalten des Individuums. Sie kommunizieren innerhalb der Person in Form eines „inneren Dialogs". Einer der Ich-Zustände dominiert jedoch erfahrungsgemäß und steuert als handlungsleitender Zustand das Verhalten. Der Wechsel von einem Ich-Zustand zum anderen kann allerdings schlagartig eintreten.

Im inneren Dialog der Ich-Zustände dominiert ein Ich-Zustand das Verhalten.

23

Die Transaktionsanalyse zielt im Wesentlichen darauf ab, das Ich so aufzubauen, dass der Mensch in jeder Situation frei entscheiden kann, aus welchem Ich-Bereich heraus er sein Handeln gestalten will. Durch die Verdeutlichung von Verhaltensalternativen kann sich der Einzelne von internen und externen Einflussfaktoren unabhängiger machen

2.3.1.2 Egogramm zur Bestimmung der persönlichen Ich-Zustände

Strukturanalyse der persönlichen Ich-Zustände

In der Strukturanalyse – als Teil der Transaktionsanalyse – soll die Verteilung und Gewichtung der einzelnen Ich-Zustände analysiert werden. Eine solche Strukturanalyse stellt das folgende Egogramm dar.[2]

Es geht darum, die relative Stärke der einzelnen Ich-Zustände grafisch wiederzugeben.

Bearbeiten Sie bitte in Einzelarbeit alle Fragen zu den verschiedenen Ich-Zuständen. Beurteilen Sie spontan, ohne große Überlegung, ob die einzelnen Aussagen für Sie zutreffend sind, und kennzeichnen Sie diese mit einem + in der rechten Spalte. Die Beantwortung aller Fragen sollte etwa 45 Minuten in Anspruch nehmen.

Denken Sie bitte daran, dass es hier keine guten und schlechten Ergebnisse gibt. Jeder Ich-Zustand hat positive und negative Auswirkungen.

Aussagenkatalog zum Egogramm (KV I-2)

	Skala I:	*zutreffend*
1.	Ich kann gut zuhören.	
2.	Ich neige dazu, in Gruppen der Tonangebende sein zu wollen.*)	
3.	Es scheint, dass ich anderen häufig widerspreche.*)	
4.	Ich stehe eher auf der Seite der Schwächeren.	
5.	Ohne Fleiß kein Preis.	
6.	Wenn ich bei einer Auseinandersetzung in die Enge getrieben werde, neige ich dazu, ärgerlich zu reagieren.*)	
7.	Den Satz „Jede wahre Liebe ist auf Achtung begründet" finde ich zutreffend.	
8.	Man kann tun, was man will: den Charakter eines Menschen kann man nicht ändern.*)	
9.	Ich neige dazu, in verworrenen oder verfahrenen Situationen die Führung zu übernehmen.*)	
10.	Es fällt mir leicht, andere zu trösten.	
11.	Öfter als ich möchte, suche ich Fehler bei den anderen.*)	
12.	Die meisten Menschen wollen geführt sein.	
13.	Ich halte jene Berufe für die wertvollsten, in denen Menschen geholfen wird.	
14.	Ich bin sehr verständnisvoll, wenn andere Probleme haben.	

---

[2] Das Egogramm zur Bestimmung der persönlichen Ich-Zustände wird mit freundlicher Zustimmung zit. nach Prof. Dr. GERHARD GRAF: Unveröffentlichtes Vorlesungsmanuskript im Fach Psychologie, Fachhochschule Coburg, Wintersemester 1990/1991.

15.	Ich habe feste Überzeugungen und ändere diese nicht so leicht.*)	
16.	Rassenvorurteile sind angebracht, um gemischte Heiraten zu verhindern.*)	
17.	Eine wirkliche Änderung findet eigentlich nur dann statt, wenn eine starke Person eine Sache in die Hand nimmt und vorwärts bringt.	
18.	Ich neige dazu, mich in meinem Leben auf Tradition und Bewährtes zu verlassen.*)	
19.	Ich neige dazu, mich über Personen, die bewährte und anerkannte Denkweisen und Handlungen in Frage stellen, aufzuregen.*)	
20.	Minderheiten erhalten mehr Beachtung als sie verdienen.*)	
21.	Die Aussage eines deutschen Politikers „Wir können doch nicht jedem den Arsch vergolden" finde ich zutreffend.*)	
22.	Den Gedanken, dass die Leute human und menschlich sein sollten, finde ich richtig.	
23.	Ich werde oft von anderen um Rat gefragt.	
24.	Ein Problem, das uns immer zu begleiten scheint, ist, dass es zu wenig Leute gibt, die arbeiten, und zu viele, die befehlen wollen.*)	
25.	Das Sprichwort „Was Hänschen nicht lernt, lernt Hans nimmermehr" finde ich zutreffend.*)	
26.	Vielen Leuten ist nicht klar, dass man besonders im Geschäftsleben sehr kämpferisch sein muss, um erfolgreich zu sein.*)	
27.	Es ist doch so, dass Menschen gezwungen werden müssen, gewisse Dinge zu tun, die gut für sie sind.	
28.	Ich glaube, dass unsere Gesellschaft gesünder wäre, wenn Verstöße gegen Gesetze strenger geahndet würden.*)	
29.	Ich bin der Meinung, dass die Frau ins Haus gehört.*)	
30.	Es scheint, dass ich den Mitmenschen mehr Vertrauen schenke als viele andere es tun.	
31.	Es gibt Situationen, in denen es richtig ist, ein Kind zu seinem eigenen Wohl mit einer Tracht Prügel zu bestrafen.	
32.	Das größte Missgeschick, das jemand widerfahren kann, ist die Geduld zu verlieren.	
33.	Strenge Bestrafung von Verbrechern wäre geeignet, von Vergehen abzuschrecken.*)	
34.	Wann immer jemand Hilfe braucht, leiste ich sie ihm.	
35.	Eltern und Erzieher neigen heute dazu, allzu nachsichtig zu sein.*)	
36.	Andere in ihrer Entwicklung zu unterstützen, gibt mir eine große Befriedigung.	
37.	Die Berichterstattung der Medien (Fernsehen, Zeitungen) sollte besser kontrolliert werden.*)	
38.	Ich kann nicht begreifen, dass jemand Selbstmord begeht.*)	
39.	Einer der Gründe, warum die Werbung so erfolgreich ist, ist der Umstand, dass die Menschen es mögen, wenn ihnen gesagt wird, was sie zu kaufen haben.	
40.	Obwohl es aus der Mode gekommen ist, sollte in der Schule wieder gebetet werden.*)	
41.	Die patriotische Einstellung gegenüber dem eigenen Land wird immer wichtiger sein als das so genannte „Weltbürgertum".	

42.	Die Leute sollten sich mit gewissen Grundsätzen von Moral, Recht und Unrecht mehr identifizieren.*)	
43.	Die Todesstrafe wird nie abgeschafft werden.*)	
44.	Wenn ich sehe, dass jemand bei einer Arbeit Schwierigkeiten hat, nehme ich sie ihm gerne ab.	
45.	Wir benötigen eher mehr als weniger Filmzensur.*)	
46.	Ich bin der Ansicht, dass man gewisse Berufstraditionen in der Familie aufrechterhalten sollte.*)	
47.	Eine starke Führungskraft braucht keine Mitbestimmung.*)	
48.	In der Regel komme ich mit allen Leuten gut aus.	
49.	Ich bin der Meinung, dass Kinder ihren Eltern Respekt entgegenbringen müssen.*)	
50.	Ich habe Mitleid mit Menschen, die sich in Schwierigkeiten befinden.	
51.	Im Vergleich mit anderen mache ich eher Überstunden.	
52.	Ich neige dazu, mich der Meinung der Mehrheit anzuschließen.	
53.	Ich habe früh gelernt, die Dinge nicht zu übertreiben und die Kirche im Dorf zu lassen.	
54.	„Undank ist der Welten Lohn" habe ich schon oft erfahren müssen.	
55.	Statt Zeit damit zu verlieren, jemandem etwas zu erklären, erledige ich es lieber selber.	
56.	Ich bin oft verblüfft zu sehen, wie blöd die Leute sind.*)	
57.	Journalisten sollten weniger frei in ihrer Meinungsäußerung sein.*)	
58.	Viele Leute gehen fehl, weil sie Verantwortung ablehnen.	
59.	Wenn man nicht zu viel von den Menschen erwartet, wird man auch nicht so leicht enttäuscht.	
60.	Wenn sich jemand über mich ärgert, versuche ich ihn zu besänftigen.	

	Skala II:	*zutreffend*
61.	Mir scheint, dass ich ein besserer Beobachter bin als viele andere Leute.	
62.	Ich neige dazu, einen kühlen Kopf zu bewahren, wenn andere aufgeben oder abschalten.	
63.	Meine Eltern oder Erzieher hatten große Freude daran, wenn ich selbstständig lernte und forschte.	
64.	Ich sammle Informationen und plane, bevor ich handle.	
65.	Ich eröte selten oder nie.	
66.	Es fällt mir leicht, in öffentlichen Veranstaltungen das Wort zu ergreifen.	
67.	Ich weine selten oder nie.	
68.	Ich bin risikofreudiger als die meisten meiner Bekannten.	
69.	Es macht mir nichts aus, allein zu sein.	
70.	Meine Eltern oder Erzieher neigten dazu, den Gebrauch des Verstandes höher zu schätzen als viele andere Leute.	
71.	Ich bin fähig, eine gewisse wachsame Unvoreingenommenheit zu bewahren, wenn andere allzu erregt werden.	

72.	Mehr als viele andere mir bekannte Leute ziehe ich problemlösendes Verhalten dem Feilschen und dem Schließen von Kompromissen vor.	
73.	Es fällt mir leicht, meine Gefühle unter Kontrolle zu halten.	
74.	Bei der Planung eines Projektes achte ich darauf, Leute, die zupacken, vorzusehen.	
75.	Ich habe feste Überzeugungen und verleihe ihnen auch Ausdruck, reagiere aber positiv auf vernünftige Gegenargumente, indem ich meine Meinung ändere.	
76.	Obwohl andere zeitweise dazu neigen, zwischenmenschliche Konflikte zu unterdrücken, zu vertuschen oder durch Kompromisse beizulegen, versuche ich unter allen Umständen die Ursachen herauszufinden.	
77.	In Stress-Situationen bleibe ich ruhig.	
78.	Es scheint mir, dass ich dazu neige, vor dem Fällen von Entscheidungen die Risiken abzuwägen.	
79.	Mehr als viele andere mir bekannte Leute bemühe ich mich, Ideen, Meinungen und Haltungen zu suchen, die sich von meinen eigenen unterscheiden.	
80.	Leute, die mit mir zusammenarbeiten, würden sagen, ich sei entscheidungsfreudig und entschlossen.	
81.	Ich habe anderen schon oft den Fuß auf den Nacken gesetzt, damit sie eine wichtige Arbeit ausführen.	
82.	Zwischenmenschliche Konflikte erledige ich im persönlichen Gespräch.	
83.	Ich bin der Überzeugung, dass eine wirksame Führung die Mitarbeiter dazu anspornt, das Beste zu geben.	
84.	Ich glaube, dass das, was andere Leute fühlen und denken, wichtig ist.	
85.	Schon als Kind ermutigten mich meine Eltern, meine Ansichten auszusprechen, ohne Angst vor Strafe zu haben, oder davor, mich lächerlich zu machen.	
86.	Mich interessieren die Ergebnisse aus Forschung und Wissenschaft.	
87.	Es scheint, dass ich eher die Fähigkeit selbstständig und unabhängig zu denken entwickelt habe, als mich den Gedanken anderer Leute anzupassen.	
88.	Ich glaube, dass Menschen fähig sind, sich selbst zu führen und zu kontrollieren und damit sich selbst zu entwickeln.	
89.	Die meisten Fehler entstehen eher wegen eines Missverständnisses als durch Nachlässigkeit.	
90.	Irgendwie scheint es, dass ich gelernt habe, der Welt auf entspannte, zuversichtliche und positive Art entgegenzutreten.	
91.	Ich bin aktives Mitglied von drei und mehr Vereinen und Organisationen.	
92.	Offenheit und Ehrlichkeit anderen gegenüber lohnen sich in der Regel.	
93.	Ich bin ein rationaler, logischer Denker.	
94.	Ich bringe es fertig, nach außen ruhig zu bleiben, obwohl es in mir kocht.	
95.	Ich besuche Kurse, Seminare, Vorträge usw. häufiger als die meisten mir bekannten Personen.	
96.	Ich habe den Ruf, fair und objektiv zu sein.	

97.	Ich pflege in der Regel von anderen das zu bekommen, was ich haben möchte.	
98.	Ich kann anderen Personen Dinge klar und deutlich erklären.	
99.	Mein Erfolg im Leben beruht auf der Tatsache, dass ich es verstehe, meine Gefühle zu verbergen.	
100.	In einer Diskussion zählen meine Argumente oft zu den besten.	
101.	Ich bin der Überzeugung, dass die Menschen grundsätzlich gut sind.	
102.	Für mich ist es wichtig, so perfekt wie möglich zu sein.	
103.	Ich lese täglich eine bis zwei Tageszeitungen.	
104.	Ich habe eine ziemlich klare Vorstellung, wo ich in 10 Jahren beruflich und privat stehen möchte.	

	Skala III:	*zutreffend*
105.	Obwohl es viele nicht wahrhaben wollen, glaube ich, dass die Gefühle bei 90 % der lebenswichtigen Entscheidungen den Ausschlag geben.*)	
106.	Es scheint, dass ich mich mehr als andere selbst bemitleide.	
107.	Wenn eine höherstehende Persönlichkeit die Verantwortung für eine schwerwiegende Entscheidung übernimmt, werde ich bei der Durchführung mithelfen, auch wenn ich davon nicht überzeugt bin.	
108.	Ich genieße es wirklich, sehr schnell Auto zu fahren.*)	
109.	Es kommt öfter vor, dass ich am hellen Tag ins Blaue hinein träume.*)	
110.	Ich bin für Spontankäufe sehr anfällig.*)	
111.	Es bereitet mir Mühe, z.B. eine Abmagerungskur durchzustehen, das Rauchen aufzugeben usw. *)	
112.	Ich habe nichts dagegen, der Ausführende zu sein, aber ich habe es gerne, wenn ein anderer dabei die Führung übernimmt.	
113.	Ich gebrauche oft Ausdrücke wie „toll", „lässig", „irre", „höllisch" usw. *)	
114.	In einer gespannten Lage neige ich eher dazu, mich zurückzuziehen.	
115.	Bescheidenheit ist eine Tugend, vielleicht die größte.	
116.	Ich erzähle gerne Witze.*)	
117.	Ich bin immer voller neuer Ideen.*)	
118.	Ich habe keine Mühe, Anweisungen zu befolgen.	
119.	Meine Eltern und Erzieher waren gute und freundliche Menschen.	
120.	Ich bin oft impulsiv.*)	
121.	Eher stimme ich anderen zu, als dass ich mit ihnen hin und her diskutieren würde.	
122.	Ich bemühe mich sehr oft um die Anerkennung anderer.	
123.	Hier und da ertappe ich mich dabei, dass ich zu laut lache und spreche.	
124.	Ich sage mir oft: „Es nutzt ja doch nichts, sich hier zu engagieren".	
125.	Wenn mich jemand innerlich verletzt hat, sage ich ihm in der Regel nichts davon.	

126.	Es ist für mich schwer zu verstehen, warum viele Leute das Leben so ernst nehmen.*)
127.	Oftmals äußere ich meine Ideen nicht, weil sie mir zu wenig wichtig erscheinen.
128.	Meine Eltern respektieren es, wenn ich meine Gefühle wie Freude, Ärger usw. voll ausdrücke. Sie ermutigen mich sogar dazu.*)
129.	Es scheint mir, dass ich meinen Willen nicht so oft wie ich möchte durchsetzen kann.
130.	Ich ziehe es vor, eine Stellung mit eher wenig Verantwortung, Befugnissen, Ansehen usw. anzunehmen.
131.	Es kann sein, dass meine Eltern doch eher dazu neigen, mir Angst vor der Welt und den Menschen einzuflößen, als mir die Welt von der freundlichen Seite zu zeigen.
132.	Ich habe mehr Interessen, Liebhabereien usw. als die meisten Leute, die ich kenne.*)
133.	Aus irgendeinem Grunde kommt es oft vor, dass ich den Kürzeren ziehe.
134.	An einem Freitagabend sitze ich mit ein paar Freunden zusammen und trinke einige Flaschen Wein. Plötzlich kommt einer auf die Idee, jetzt für zwei Tage nach Paris zu fahren. Fahre ich mit? *)
135.	Ich neige viel eher dazu, fantasievolle als logische Lösungen anzustreben.*)
136.	Es gibt Momente, wo ich in Gegenwart anderer Leute weine, ohne mich zu schämen.*)
137.	Irgendwann habe ich gelernt, dem Sex, meinem Körper, der Intimität usw. gegenüber eine freudige Haltung einzunehmen.*)
138.	Man muss sich wichtigen Persönlichkeiten unterordnen.
139.	Es gibt Zeiten, zu denen ich mir gerne außergewöhnliche Freuden und Vergnügen gönne.*)
140.	In ungewohnten Situationen fühle ich mich sehr unbehaglich.
141.	Ich finde mich oft mitten in einem Problem und frage mich, wie ich da wohl wieder hineingeschlittert bin.*)
142.	In vielen Situationen fühle ich mich einfach hilflos.
143.	Wenn ich etwas sage, ist es sehr wohl möglich, dass ich ins Fettnäpfchen trete.*)

2.3.1.3 Auswertung

Da der Fragebogen nach der Trefferwahrscheinlichkeits-Methode aufgebaut ist, gehen nur die von Ihnen als zutreffend eingeschätzten Antworten in die Bewertung ein.

Zählen Sie zunächst alle in der Skala I (Fragen 1 – 60) eingetragenen + (1) und tragen Sie Ihr Ergebnis in die folgende Tabelle ein. Danach ermitteln Sie die Summe aller + der mit Stern gekennzeichneten Fragen. Dieser Wert misst den Anteil des kritischen Autoritäts-Ichs (2). Vom Summenwert (1) wird nun der Anteil des kritischen Autoritäts-Ichs (2) abgezogen, um den Anteil des stützenden Autoritäts-Ichs zu erhalten.

Handlungsanleitung zur Errechnung der Rohwerte

Die Gesamtsumme aller + in der Skala II (Fragen 61 – 104) ergibt den Wert des Erwachsenen-Ichs (4).

In der Skala III (Fragen 105 – 143) werden nun wieder alle + gezählt (5). Alle + der mit Stern gekennzeichneten Fragen ergeben den Anteil des natürlichen Kindheits-Ichs (6). Den Anteil des angepassten Kindheits-Ichs (7) erhalten Sie durch Subtraktion des Wertes (6) vom Summenwert (5).

Erfassungsschema für die Rohwerte (KV I-3)

Skala I (Fragen 1 – 60)

Summe aller +-Antworten	= _____ (1)
Summe der +-Antworten, die mit einem Stern versehen sind (Kritisches Autoritäts-Ich)	= _____ (2)
(1) minus (2) (Stützendes Autoritäts-Ich)	= _____ (3)

Skala II (Fragen 61 – 104)

Summe aller +-Antworten	= _____ (4)

Skala III (Fragen 105 – 143)

Summe aller +-Antworten	= _____ (5)
Summe der +-Antworten, die mit einem Stern versehen sind (Natürliches Kindheits-Ich)	= _____ (6)
(5) minus (6) (Angepasstes Kindheits-Ich)	= _____ (7)

Die von Ihnen ermittelten Rohwerte müssen nun anhand der folgenden Tabelle in Skalenwerte umgerechnet werden.

Umrechnungstabelle

Skala I				Skala II		Skala III			
Kritisches Autoritäts-Ich		Stützendes Autoritäts-Ich		Erwachsenen-Ich		Natürliches Kindheits-Ich		Angepasstes Kindheits-Ich	
Rohwert 2	Skalenwert	Rohwert 3	Skalenwert	Rohwert 4	Skalenwert	Rohwert 6	Skalenwert	Rohwert 7	Skalenwert
2	0	2	0	13	0	1	0	1	0
3	5	5	5	14	5	2	5	2	5
5	10	7	10	16	10	3	10	3	10
7	20	10	20	18	20	5	20	5	20
9	30	12	30	21	30	7	30	7	30
11	40	14	40	23	40	8	40	8	40
12	50	16	50	26	50	9	50	9	50
14	60	18	60	29	60	10	60	10	60
16	70	20	70	31	70	12	70	12	70
18	80	22	80	33	80	13	80	13	80
20	90	25	90	36	90	15	90	15	90
21	95	28	95	38	95	17	95	17	95

Übertragen Sie die Skalenwerte nun auf die unten stehenden Säulen. So erhalten Sie Ihre persönliche Strukturanalyse. Bedenken Sie, dass sich Ihr Egogramm im Laufe der Zeit verändern kann. Wiederholen Sie deshalb die Durchführung in für Sie angemessenen Zeitabständen (Kopiervorlagen *KV I-2 - KV I-4*).

Kritisches Eltern-Ich	Stützendes Eltern-Ich	Erwachsenen-Ich	Natürliches Kindheits-Ich	Angepasstes Kindheits-Ich
100	100	100	100	100
50	50	50	50	50
0	0	0	0	0

Säulendiagramm (KV I-4)

2.3.1.4 Bemerkungen zum Egogramm

Sie haben Ihr individuelles Egogramm erstellt und können erkennen, wie die einzelnen Ich-Zustände in Ihrer Persönlichkeit verteilt und wie stark sie ausgeprägt sind. Wie bereits erwähnt, gibt es keine guten und schlechten Ergebnisse. Jeder Ich-Zustand hat positive und negative Konsequenzen auf die Interaktion mit anderen Menschen. Das ausgewertete Egogramm soll Ihnen helfen, sich besser einzuschätzen und Ihr Handeln bewusst zu modifizieren.

Das Egogramm kann helfen, das eigene Verhalten zu bewerten.

Je höher der Skalenwert, desto stärker ist der zugehörige Ich-Zustand entwickelt. Der Skalenwert von 50 stellt einen Durchschnittswert dar. Ein Überschreiten dieses Wertes um mehr als 15 Skalenpunkte bedeutet, dass vor allem im Zustand extremer Belastung, unter Stress und Druck, Ihr Verhalten von diesem Ich-Zustand dominiert wird. Es ist kaum möglich, in solchen Situationen diesen Ich-Bereich zu verlassen.

Ein Ich-Zustand kann ...

Überwiegt ein Ich-Zustand, wird in gleichem Maße die Wahrnehmung beeinflusst und verändert. Um ein charakteristisches Verhalten zu begründen, werden alle Umwelteinflüsse selektiert und bewertet. Der Einzelne hört und sieht nur noch das, was er eben gerade hören und sehen will.

... in Stresssituationen das Verhalten dominieren.

Sind die Anteile an den Ich-Zuständen im Wesentlichen gleich verteilt, kann dies ein Hinweis darauf sein, dass es bei Ihnen zu schnellen Umschwüngen zwischen verschiedenen Verhaltensweisen kommt.

Im Anschluss sollen beispielhaft einige Vor- und Nachteile der einzelnen Ich-Zustände aufgezeigt werden:

Vor- und Nachteile der Ich-Zustände

Kritisches Autoritäts-Ich

- **Kritisches Autoritäts-Ich**
Eine Person, die aus diesem Ich-Zustand heraus handelt, kann in Notsituationen rasch entscheiden. Sie wird hohe Maßstäbe anlegen und Verantwortung übernehmen. Normen und Traditionen, die vermittelt werden, geben Sicherheit.

Demgegenüber zeigt sich das kritische Autoritäts-Ich jedoch unterdrückend bzw. intolerant. Neues wird eher abgelehnt, Fehler bei anderen gesucht. Vorurteile werden gepflegt. Häufige Reaktionen sind Wut und Ärger.

Stützendes Autoritäts-Ich

- **Stützendes Autoritäts-Ich**
Derjenige, bei dem ein stützendes Autoritäts-Ich das Handeln dominiert, hört geduldig zu und hat viel Verständnis für seine Mitmenschen. In schwierigen Situationen übernimmt er die Führung und schafft mit seinem Schutz Geborgenheit.

Negativ wirkt sich aus, dass Abhängigkeiten geschaffen werden. Das stützende Autoritäts-Ich fühlt sich wenig beachtet und traut anderen kaum etwas zu. Es kann aber auch mit Höflichkeit unterdrücken.

Erwachsenen-Ich

- **Erwachsenen-Ich**
Das Erwachsenen-Ich lässt sich als offen, aktiv und selbstständig beschreiben. Zur Konfliktlösung dient die (offene) Konfrontation mit anderen. Dabei werden Informationen gesammelt und Ursachen analysiert.

Nachteile dieses Ich-Bereiches sind, dass wenig Emotionen gezeigt werden. Der Mensch erscheint fade, langweilig und roboterhaft.

Natürliches Kindheits-Ich

- **Natürliches Kindheits-Ich**
Das natürliche Kindheits-Ich wirkt witzig und charmant, es kann genießen und sich für etwas begeistern. Es zeichnet sich durch Spontaneität und fantasievolle Ideen aus.

Es ist aber auch leichtsinnig und rücksichtslos. Disziplinloses, unkontrolliertes und ungestümes Verhalten ist die Folge. Personen, bei denen dieser Ich-Zustand vorherrscht, übernehmen selten und ungern Verantwortung.

Angepasstes Kindheits-Ich

- **Angepasstes Kindheits-Ich**
Positive Auswirkung ist hier, dass Kompromisse eingegangen werden können. Bescheidenheit und Rücksichtnahme auf andere gehören zu den Verhaltensmustern dieses Ich-Zustandes.

Andererseits lässt sich eine Überangepasstheit feststellen. Die Angst, etwas falsch zu machen, ist sehr stark. Deshalb zieht sich die betroffene Person schnell zurück und resigniert.

2.3.2 Weitere Persönlichkeitstests

Das Egogramm zur Bestimmung der persönlichen Ich-Zustände sollte lediglich als Einstieg in die Selbstfindung verstanden werden. Tiefere, detailliertere Erkenntnisse kann eine Bearbeitung verschiedener standardisierter Persönlichkeitsanalysen erbringen.

Aus der Vielzahl der angebotenen Verfahren erscheint den Autoren der von BAMBECK (1993) entwickelte **Persönlichkeits-Struktur-Test (PST)** geeignet, um die kritische Betrachtung der eigenen Persönlichkeit fortzusetzen.

Der PST ist so strukturiert, dass er eigenständig ausgeführt und ausgewertet werden kann. Der als Buch veröffentlichte Test enthält ausreichend Hinweise für die Interpretation der gewonnenen Ergebnisse.[3]

2.4 Das Phänomen Stress

2.4.1 Medizinische Aspekte

In den vorangegangenen Arbeitsschritten haben Sie begonnen, individuelle Möglichkeiten und Grenzen festzustellen, indem Sie sich wichtige Einflussfaktoren verdeutlicht und mittels Selbstanalyseverfahren Stärken und Schwächen Ihrer Persönlichkeit herausgearbeitet haben. Um die Selbstfindung abzurunden, ist eine Auseinandersetzung mit einem weiteren wichtigen Phänomen angebracht, dem Stress.

Im allgemeinen Sprachgebrauch ist Stress überwiegend negativ besetzt und wird oft zur ursächlichen Erklärung von Misserfolgen herangezogen. Stress ist – in einem wissenschaftlichen Kontext – jedoch wertneutral zu sehen. SELYE, welcher den Begriff in den zwanziger Jahren dieses Jahrhunderts in die Medizin eingebracht hat, definiert Stress als „Reaktion des Körpers auf jede erhöhte Beanspruchung" (zit. nach WHITTLESEY 1989, S. 9).

Stress als wertneutrale Reaktion auf gesteigerte Aktivitäten

Stress, als Zustand des Organismus, entsteht aufgrund einer Reiz- Reaktions-Kette. Die komplexen medizinischen Zusammenhänge sollen zum besseren Verständnis kurz und stark vereinfacht dargestellt werden:

Reiz-Reaktions-Kette

Unspezifische Stimuli wie Lärm, Hitze, Schmerz, Einsamkeit oder Daueranspannung lösen die körperlichen Reaktionen des Stress wie Blutdrucksteigerung oder beschleunigten Herzschlag aus. Auch erfreuliche Lebensereignisse, beispielsweise eine Eheschließung, können Stress erzeugen.

Vielfältige Reize ...

---

[3] Weitere Literaturempfehlungen zu Persönlichkeitstests in Kap. 7.2.

... werden im Gehirn analysiert und über zwei Nervensysteme weiterverarbeitet.

Die Wahrnehmung von Umweltreizen erfolgt über die Sinnesorgane. Mittels elektrochemischer Vorgänge werden alle eingehenden Informationen über Nervenbahnen zum Gehirn weitergeleitet. Hier findet die Be- und Verarbeitung statt. Falls eine Reaktion erforderlich erscheint, wirkt das Gehirn über die zwei Nervensysteme des Menschen auf entsprechende Muskeln oder Organe ein.

Somatisches Nervensystem

Dabei regelt das **somatische Nervensystem**, welches unserem Willen unterworfen ist, die Tätigkeit der Muskulatur. Es spielt bei Stressempfindung und Stressverarbeitung jedoch eine untergeordnete Rolle.

Vegetatives Nervensystem

Das **vegetative Nervensystem** ist kaum durch willentliche Beeinflussung zu lenken. Es überwacht die Organfunktionen von beispielsweise Herz, Darm oder den Schweißdrüsen, „paßt sie den jeweiligen äußeren und inneren Umständen an und kontrolliert so das innere Milieu des Körpers" (SCHENK 1986, S. 18).

Sympathikus und Parasympathikus ...

Innerhalb des vegetativen Nervensystems fungieren Sympathikus und Parasympathikus als einander entgegengesetzte Teilsysteme. Der sympathische Teil des vegetativen Nervensystems wirkt anregend und wird aktiviert, „wenn das Leben einer Person in Gefahr ist, wenn die Person einer großen Anstrengung ausgesetzt ist und bei Emotionen wie z.B. Furcht und Zorn" (ZIMBARDO 1983, S. 62).

... als konträre Teilsysteme

Der parasympathische Teil wirkt dagegen entspannend und „lenkt viele lebenswichtige Funktionen. Zu diesen gehören die Verdauung, Beseitigung von Stoffwechselprodukten, Schutz des Gesichtssinnes und – allgemein gesprochen – die Aufrechterhaltung der körperlichen Energie" (ZIMBARDO 1983, S. 62).

Hypothalamus und limbisches System steuern Stressreaktionen.

Die Steuerung vegetativer Reaktionen (Stressreaktionen) beeinflussen unter anderem zwei Gehirnareale: Hypothalamus und das limbische System. Der Hypothalamus, als „Schaltstelle zwischen Nervensystem und Hormonsystem" (SCHENK 1986, S. 21), bestimmt vor allem die Tätigkeit des vegetativen Nervensystems und „ist sensibel für Veränderungen in der äußeren Umgebung, auf die entweder mit Kampf oder Flucht reagiert wird" (ZIMBARDO 1983, S. 89). Er ist zugleich Teil des limbischen Systems. Dieses steuert Gefühle wie Angst, Wut, Ruhe und Geborgenheit. Die intuitive Reaktion auf Sinneseindrücke wird von hier aus geregelt.

Stress als elementare Erfahrung

Stress gehört natürlicherweise zum Leben des Individuums und ist in einem bestimmten Ausmaß für eine Weiterentwicklung der Persönlichkeit nötig. Der Einzelne kann zwar auf Belastungen mit Rückzug in psychosomatische Krankheiten reagieren, er kann jedoch andererseits an seinen Grenzen wachsen und versuchen, seine bisher gewohnten Verhaltensmuster zu verlassen.

Eustress und Distress

Grundsätzlich lassen sich zwei Erscheinungsformen von Stress unterscheiden: **Eustress** und **Distress** (vgl. SCHENK 1986, S. 11 f.). Eustress stellt eine positive Anforderung dar und ist für die Erhaltung der Gesundheit des Organismus notwendig. Distress kann demgegenüber auf lange Sicht gesehen zu psychosomatischen Beschwerden führen. Es gilt zu beachten, dass es individuell höchst unterschiedlich ist, wie eine bestimmte Situation verarbeitet wird. So kann laut gespielte Musik bei einem Jugendlichen eine andere Reaktion hervorrufen als bei einem alten Menschen, der sich gestört fühlt.

Unzählige Stressfaktoren wirken auf den Einzelnen und beeinflussen ihn und sein Handeln. Dem Individuum stehen bereits konkrete Verhaltensmuster zur Verfügung, um Stress zu bewältigen. Vieles spielt sich dabei im Unbewussten ab. Es ist deshalb erforderlich, sich zu verdeutlichen, welche Stressoren (d. h. welche Stress auslösenden Ereignisse oder Umstände), wirksam sind, welche Folgen diese haben können und wie Stress konstruktiv verarbeitet werden kann.

2.4.2 Stresstypen

Lebenssituationen, in denen das Individuum besonderen Belastungen ausgesetzt ist, schwächen das Immunsystem und die Widerstandskraft gegen Krankheiten. Psychosomatische Beschwerden wie Magengeschwüre oder Herzleiden sind die Folge.

Psychosomatische Beschwerden durch Stress

Untersuchungen bei Herzinfarktpatienten in den USA ergaben bestimmte, typische Reaktionsformen auf Belastungen und erhöhte Anforderungen (Stressoren). Friedman und Rosenman unterscheiden die Stresstypen A und B, die sich wie folgt charakterisieren lassen (vgl. WHITTLESEY 1989, S. 65 ff.):[4]

Typ A-Menschen zeigen oft aggressives und unruhiges Verhalten. Das Bedürfnis, in immer kürzerer Zeit immer mehr zu erreichen, kennzeichnet sie. Sie setzen sich mit ihrem Anspruchsverhalten selbst unter Druck. Typ A-Menschen streben nach Perfektion und wollen dabei über eine permanente Kontrolle der Ereignisse verfügen.

Stresstyp A

Einerseits sind sie enthusiastisch und aktiv bei Aufgaben, die sie für lösbar erachten. Andererseits sind sie bei unübersichtlichen Projekten oder Problemstellungen eher dazu geneigt, aufzugeben. Angehörige dieser Gruppe tendieren in stärkerem Maße dazu, psychosomatisch zu erkranken.

Typ B-Menschen sind weniger von dem Ehrgeiz besessen, Erfolg haben zu müssen. Sie legen mehr Wert auf gesellschaftliche Kontakte und Freundschaften. Entspannung und Hobby spielen in ihrem Leben eine große Rolle. Typ B- Menschen leben intensiver und selbstbewusster und stehen nicht unter dem selbstauferlegten Zwang, ständig im Recht zu sein.

Stresstyp B

---

4   Zum Untersuchungsablauf vgl. ZIMBARDO 1983, S. 472 ff.

Bewerten Sie folgende Aussagen mit Ja (zutreffend) oder Nein (nicht zutreffend), um Ihren Stresstyp zu ermitteln:

Ermittlung des persönlichen Stresstyps (KV I-5)

		ja	nein
1.	Es stört mich, wenn Leute Dinge anders sehen als ich.		
2.	Ein Tag hat nie genug Stunden.		
3.	Wenn ich aufgeregt bin, fluche ich.		
4.	Ich unterbreche oft Gespräche, weil Leute einfach nicht zur Sache kommen.		
5.	Ich erledige alles gerne schnell und zügig. Ich hasse es, Zeit zu verschwenden.		
6.	Ich kann nicht einfach dasitzen und nichts tun.		
7.	Oft kommen mir Gewissensbisse, dass ich so wenig Zeit mit meiner Familie und Freunden verbringen kann, aber zurzeit lässt sich das nicht ändern.		

(zit. nach WHITTLESEY 1989, S. 68)

Auswertung

Wenn Sie drei oder mehr Aussagen als zutreffend beurteilt haben, sind Sie mit hoher Wahrscheinlichkeit dem Stresstyp A zuzurechnen. Dies bedeutet natürlich noch nicht zwangsläufig, dass Sie einmal an psychosomatischen Beschwerden erkranken werden. Ihr Risiko ist jedoch erhöht. Es kann deshalb für Sie wichtig sein, Ihr Verhalten in Zukunft zu ändern und vorbeugende Maßnahmen für Ihre Gesundheit zu ergreifen. Entspannungs- oder Meditationsübungen können mit geringem Aufwand hier bereits eine große Wirkung erzielen (vgl. hierzu Anhang, A3).

2.4.3 Soziale Wiederanpassungs-Bewertungs-Tabelle

Veränderungen erzeugen Stressreaktionen.

Jede Veränderung im Leben bewirkt eine Stressreaktion. Krankheiten entstehen selten lediglich aufgrund eines einzigen Ereignisses, vielmehr treffen eine ganze Reihe von belastenden Faktoren zusammen. Verschiedene Stressoren wirken dabei unterschiedlich stark und erfordern vom Individuum ein anderes Maß der Anpassung an eine neue Situation.

Die Ärzte HOLMES und RAHE untersuchten den Zusammenhang von belastenden Lebenssituationen und dem Auftreten psychosomatischer Erkrankungen und ermittelten so die „Soziale Wiederanpassungs-Bewertungs-Tabelle" (zit. nach SCHENK 1986, S. 43 f.). Je nach erforderlichem Anpassungsausmaß werden die Stressfaktoren gewichtet.

Handlungsanleitung

Addieren Sie die Punkte für alle Situationen der letzten zwölf Monate, die für Sie zutreffen, um sich Ihre persönlichen Stressfaktoren zu veranschaulichen. Der Test sollte mindestens einmal im Jahr wiederholt werden, um Veränderungen zu berücksichtigen.

Beachten Sie ähnliche Ereignisse, die Ihnen spontan beim Lesen einfallen. Ergänzen Sie diese und ordnen Sie die individuellen Stressfaktoren einem vergleichbaren Punktewert zu (Schulschwierigkeiten Ihres Kindes sind in etwa so belastend wie ein Schulwechsel usw.).

I. Partnerschaft und Ehe	Punktzahl	*zutreffend*
Tod eines Ehegatten	100	
Scheidung	73	
Trennung vom Partner	65	
Eheschließung	50	
Versöhnung mit dem (Ehe-)Partner	45	
Sexuelle Schwierigkeiten	39	
Wiederholter Streit mit dem Partner	35	
Partner beginnt oder beendet Arbeitsverhältnis	26	
....	...	
....	...	

Soziale Wiederanpassungs-Bewertungs-Tabelle (KV I-6)

II. Familie und Kinder	Punktzahl	*zutreffend*
Tod eines Familienangehörigen	63	
Krankheit eines Familienangehörigen	44	
Schwangerschaft (eigene oder die der Partnerin)	40	
Geburt eines Kindes	39	
Kind verlässt das Elternhaus	29	
Schwierigkeiten mit den Schwiegereltern	29	
Einschulung bzw. Schulabgang eines Kindes	25	
Schulwechsel eines Kindes	20	
Längere Besuche von Verwandten	15	
....	...	
....	...	

III. Beruf und Arbeit	Punktzahl	*zutreffend*
Kündigung des Arbeitsverhältnisses	47	
Pensionierung	45	
Beruflicher Aufstieg	39	
Versetzung an einen anderen Arbeitsplatz	36	
Wechsel der Firma	29	
Ärger mit dem Chef	23	
Veränderte Arbeitszeiten	20	
....	...	
....	...	

IV. Finanzielle Verhältnisse	Punktzahl	*zutreffend*
Veränderung der finanziellen Verhältnisse	38	
Schulden über 25 000 DM	31	
Zwangsvollstreckung	30	
Kredit über 25 000 DM	17	
....	...	
....	...	

37

V. Persönlicher Bereich	Punktzahl	*zutreffend*
Gefängnisstrafe	63	
Unfall oder schwere Krankheit	53	
Tod eines guten Freundes	37	
Persönliche Überbeanspruchung	28	
Jegliche Veränderung der Lebensgewohnheiten	24	
Neue Freizeitbeschäftigung	19	
Veränderungen im gesellschaftlichen Umgang	18	
Veränderte Schlafgewohnheiten	16	
Neue Essgewohnheiten (Fasten, Gewichtszunahme)	15	
Kleinere Gesetzesübertretungen	10	
....	...	
....	...	

Punktzahl					Gesamtpunktzahl
I.	II.	III.	IV.	V.	

Hinweise zur Bewertung

Liegt Ihre Gesamtpunktzahl zwischen **0 und 150,** ist Ihr Gesundheitsrisiko kaum erhöht. Die Möglichkeit, dass Sie in den nächsten beiden Jahren erkranken werden, ist gering.

Eine Gesamtpunktzahl von **151 – 300** deutet auf eine große Stressbelastung hin. Ihr Gesundheitsrisiko ist erhöht und es besteht die Gefahr, dass Ihr Körper anstehende Belastungen nicht bewältigen kann, ohne ernsthafte Schädigungen davonzutragen. Um dies zu vermeiden, ist es ratsam, auf gutes Essen, ausreichend Schlaf und Bewegung zu achten. Nehmen Sie sich bewusst mehr Zeit für sich selbst, denn „die Wahrscheinlichkeit, daß der Streß gesundheitliche Probleme mit sich bringt, liegt in diesem Bereich bei 51 %" (SCHENK 1986, S. 44).

Ein erhöhtes Risiko, in den nächsten zwei Jahren zu erkranken, besteht, wenn Ihre Punktzahl **über 301** liegt. Die Wahrscheinlichkeit, ernsthaft zu erkranken liegt bei 80 % (vgl. SCHENK 1986, S. 44). Dies ist bedingt durch die vielen Veränderungen, die Sie zurzeit durchleben müssen. Ihnen bleiben nun zwei Möglichkeiten, um dieser Entwicklung entgegenzutreten. Die eine Reaktion bestünde darin, stressreiche Ereignisse in Ihrem Leben zu verringern. Eine zweite Verhaltensweise könnte sein, die körperliche Reaktion auf Stressoren abzuschwächen. Für Sie gilt es besonders auf gesunde Ernährung, Ruhezeiten und körperlichen Ausgleich zu achten.

2.4.4 Persönliche Stressanalyse

Stressebenen

Stress ist ein mehrdimensionales Phänomen und lässt sich in drei Bereiche untergliedern: die **körperliche**, die **emotionale** und die **geistige** Ebene (vgl. SCHENK 1986, S. 31 ff.). Ihr Körper reagiert nicht nur in einem

Bereich auf Belastungen, vielmehr beeinflussen sich die verschiedenen Ebenen gegenseitig.

Über die Auswertung des angegliederten Fragebogens (vgl. SCHENK 1986, S. 31 ff.) können Sie erkennen, ob und in welchen Ebenen Ihr Körper auf Stress reagiert. Sie erhalten ein persönliches Stressprofil. Je höher dabei die Werte in den einzelnen Bereichen sind, desto stärker ist Ihre Gesundheit durch Stress gefährdet. Durch Wiederholung des Verfahrens lassen sich Veränderungen Ihrer Stressbelastung verdeutlichen und feststellen, inwieweit Methoden zur Stressbewältigung (siehe Kap. 2.4.5) Wirkung gezeigt haben. Es empfiehlt sich deshalb, den Test regelmäßig etwa alle zwei bis drei Monate durchzuführen (Kopiervorlage **KV I-7 – KV I- 9**).

Individuelles Stressprofil

Für jede Aussage, deren Inhalt auf Sie zutrifft, vergeben Sie bitte einen Punkt. Trifft die Aussage nicht zu, gibt es keinen Punkt.

Persönliche Stressanalyse (KV I-7)

Körperliche Ebene	*zutreffend*
1. Ich leide unter Einschlaf- oder Durchschlafstörungen.	
2. Ich bin tagsüber oft müde und angespannt.	
3. Ich habe öfter Verdauungsstörungen (Verstopfung oder Durchfall).	
4. Ich bin bei nichtigen Anlässen schwindelig.	
5. Ich habe öfter Herzjagen.	
6. Bei nichtigen Anlässen bekomme ich Atembeschwerden.	
7. Ich leide öfter unter Schweißausbrüchen.	
8. Ich verspüre öfter Magendruck.	
9. Ich reagiere oft mit Kopfschmerzen.	
10. Mein Blutdruck ist erhöht oder erniedrigt.	
1. Summe: körperliche Ebene	

Emotionale Ebene	*zutreffend*
1. Ich fühle mich oft allein, verlassen oder isoliert.	
2. Meine Stimmungslage ist oft deprimiert, auch ohne besondere Anlässe.	
3. Am liebsten würde ich mich verkriechen.	
4. Ich habe wenig Gelegenheit, meine Gefühle zu äußern oder auszuleben.	
5. In letzter Zeit verliere ich öfter die Selbstkontrolle.	
6. Ich fühle mich bedroht und bin ängstlicher als früher.	
7. Mir fehlt in letzter Zeit die Motivation, Dinge anzufassen.	
8. Meine Reaktionen sind öfter unangemessen heftig.	
9. Ich bin nervöser, gehemmter als früher.	
2. Summe: emotionale Ebene	

Geistige Ebene	*zutreffend*
1. Die Konzentration und Merkfähigkeit ist bei mir in Konfliktsituationen schlechter als früher.	
2. In Beruf und Freizeit hat sich eine allgemeine Interessenlosigkeit entwickelt.	
3. Meine Selbstkontrolle und Disziplin hat in letzter Zeit abgenommen.	
4. Ich vergesse öfter als früher wichtige Dinge.	
5. Es fällt mir schwer, Dinge neu zu lernen.	
6. Ich spüre öfter das Gefühl, nicht mehr mitreden zu können.	
7. Ich bin oft plan- und ziellos.	
8. Viele Dinge beginnen mir über den Kopf zu wachsen.	
9. Ich kann weniger in Ruhe und nacheinander Arbeiten als früher.	
10. In Gesprächen verliere ich manchmal den roten Faden.	
3. Summe: geistige Ebene	

Auswertung (KV I-8)

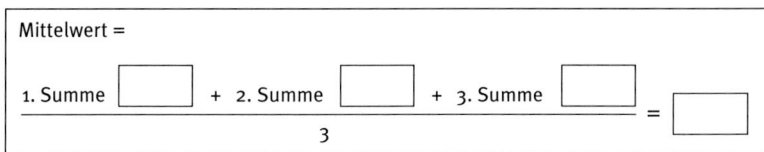

Mittelwert =

$$\frac{1.\,\text{Summe}\ \boxed{}\ +\ 2.\,\text{Summe}\ \boxed{}\ +\ 3.\,\text{Summe}\ \boxed{}}{3} = \boxed{}$$

Persönliches Stressprofil (KV I-9)

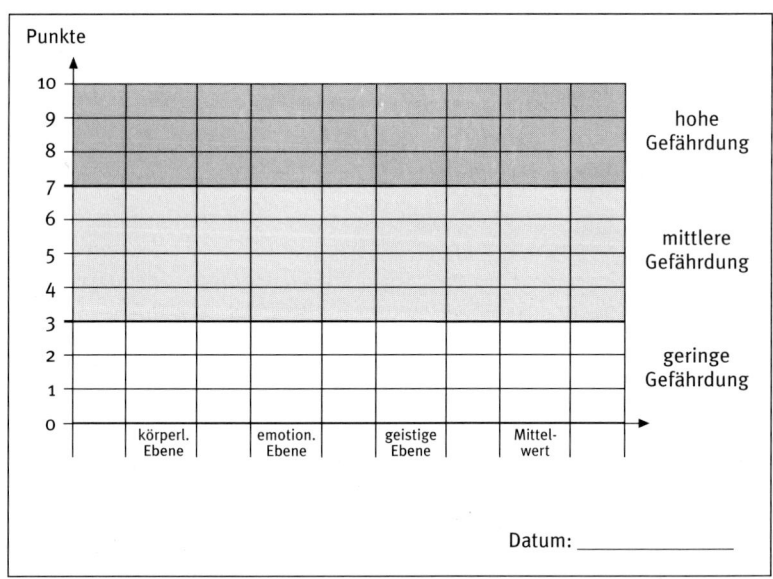

Datum: _____

2.4.5 Stressbewältigung

In den bisherigen Arbeitsschritten haben Sie bereits kurze Anmerkungen und Hinweise auf besondere Techniken erhalten, mit denen man Stress begegnen kann. Diese sollen nachfolgend durch einige grundsätzliche Bemerkungen ergänzt werden.

Häufig sind es die kleinen Belastungen und Schwierigkeiten, welche in ihrer Anhäufung zu Stresserleben und letztlich zu Gesundheitsschädigungen führen können. Zur beruflichen Belastung kommt der Haushalt und die Kinder, ein Stau verhindert, dass Sie pünktlich zu einem wichtigen Termin erscheinen können, der Partner trifft nicht rechtzeitig zum Abendessen zu Hause ein usw.

Unscheinbare Belastungen können das Wohlbefinden beeinträchtigen.

Diesem Alltagsstress können Sie mit dem Versuch entgegenwirken, Ihren Tagesablauf zu planen. Erstellen Sie eine Liste Ihrer wichtigen Aufgaben und bemühen Sie sich, einen geeigneten Zeitplan anzufertigen. Sie werden sehr bald feststellen können, dass Sie nicht so stark unter Druck geraten, wenn Sie Ihre Aufgaben bewusster und überlegter angehen.[5]

Stressabbau durch Planung

Einfache Grundsätze für Stressvermeidung und -bewältigung:

1. Seien Sie kein Pedant.

2. Fressen Sie Ihren Ärger nicht in sich hinein.

3. Üben Sie sich in Geduld.

4. Sie müssen nicht immer der/die Beste sein.

5. Achten Sie auf Ihr Äußeres.

6. Verlassen Sie sich nicht auf Ihr Gedächtnis.

7. Nehmen Sie sich jeden Tag etwas vor, das Sie gerne tun.

8. Sprechen Sie mit anderen über Ihre Probleme.

9. Ziehen Sie sich einmal im Jahr für ca. 3 Wochen zurück.

10. Schaffen Sie sich Alltagsfreuden.

Versuchen Sie sich von den Alltagsbelastungen nicht unterkriegen zu lassen. Genießen Sie vielmehr bewusst die kleinen Alltagsfreuden, die jedes Leben bietet, wie die Schönheit der Natur, das Lächeln Ihres Kindes oder ein Film im Fernsehen, der Sie erheitert. Versuchen Sie, öfter am Tag eine kleine Pause einzulegen und über schöne Erlebnisse des Tages zu reflektieren.

Zeit für Alltagsfreuden

Sicherlich wird es Ihnen nicht immer gelingen, auf diese Weise Belastungen von sich zu nehmen und zu entspannen. Es geht auch nicht darum, Probleme zu verdrängen, die der Verarbeitung bedürfen. Lassen Sie deshalb aufkommende Traurigkeit zu und versuchen Sie nicht, Tränen zu unterdrücken. Weinen kann ebenso Spannung abbauen wie ein lauter Schrei oder körperliche Anstrengung.

Zulassen von Gefühlen

---

[5] Detaillierte Ausführungen zum Thema Zeitplanung erhalten Sie in Band II der **Reihe Sozialmanagement:** Zeitmanagement, Planung und Kontrolle des Handlungsvollzuges.

**Stressbewältigungs-
methoden**

Die Ergebnisse der persönlichen Stressanalyse haben Ihnen bereits gezeigt, in welchem Maße Ihre Gesundheit durch Stress bedroht ist. Ergänzend dazu folgen weitere Interpretationshilfen und Hinweise auf entsprechende Techniken der Stressbewältigung. Die einzelnen Methoden sind dabei ähnlich, sie werden nur unterschiedlich gewichtet, je nachdem, in welchem Bereich die Stresssymptome am deutlichsten werden.

**sportliche Betätigung bei
körperlichem Stress**

Liegt Ihr Schwerpunkt eher im körperlichen Bereich, empfehlen sich vor allem sportliche Maßnahmen, wie Schwimmen, Spaziergänge, Sauna, Wandern und Autogenes Training zur Stressbewältigung. Yoga und eine Umstellung der Ernährung mit einem weitestgehenden Verzicht auf Kaffee und Alkohol können zusätzlich zu einer Verbesserung der Befindlichkeit führen.

**Entspannungstechniken
bei seelischen ...**

Autogenes Training und Biofeedback ist vorzuziehen, wenn Ihre Stresssymptome im Wesentlichen im emotionalen Bereich liegen. Sportliche Aktivitäten sollten zwar nicht außer Acht gelassen werden, sind jedoch zunächst nachrangig.

**... und intellektuellen
Belastungen**

Für einen Ausgleich im geistigen Bereich bieten sich Entspannungstechniken wie Autogenes Training, Meditation und Biofeedback an. Konzentrationsübungen können diese Techniken flankierend unterstützen.

ausgewogene Ernährung

Ein wichtige Rolle bei der Stressbekämpfung (auf allen Belastungsebenen) spielt die Veränderung bzw. Anpassung der eigenen Ernährungsgewohnheiten (vgl. WHITTLESEY 1989, S. 109 ff.). Nahrungsmittel, die künstliche Zusätze enthalten, besonders zuckerhaltig oder salzreich sind und möglicherweise sogar Allergien verursachen, bedeuten eine zusätzliche Belastung für den Körper, d. h. sie sollten gemieden werden. Vitaminreiche Kost wie Obst oder Gemüse, Vollkornprodukte und Fischgerichte sind dagegen äußerst empfehlenswert.

**Leichtere Bewältigung
von individuellen
Veränderungen ...**

Es sei an dieser Stelle noch einmal darauf hingewiesen, dass es sich bei den Ausführungen lediglich um Empfehlungen handeln kann. Jeder muss für sich selbst herausfinden, welche Vorgehensweise und welche Technik für ihn am sinnvollsten ist. Eventuell kann es auch ratsam sein, ausgebildete Fachkräfte zu konsultieren. Verwiesen sei auf die einschlägige Fachliteratur zu den Stressbewältigungstechniken.[6]

Stress und seine Auswirkungen können wie gesagt durch Planung gemindert werden. Dies gilt auch für gravierende Lebensveränderungen und ihre Folgen. Es gibt eine Reihe von Neuerungen in jeder Biografie, die der Einzelne bewusst und gezielt beeinflussen kann, wie beispielsweise ein Wohnungswechsel oder der Beginn einer neuen beruflichen Beschäftigung. Versuchen Sie, Veränderungen in Ihrem Leben überlegt, in kleinen Schritten, durchzuführen.

---

[6] Literaturempfehlungen finden Sie unter Kap. 7.2. Einige der hier genannten Entspannungstechniken werden auch im Anhang (A 3) erläutert.

Es gibt aber sicherlich Lebensereignisse, die nicht steuerbar sind, wie der Tod eines nahen Angehörigen oder die Trennung vom Lebenspartner. Auf die Verarbeitung dieser Situationen kann aber sehr wohl eingewirkt werden.

... und schwierigen Lebenssituationen ...

Bestimmen Sie Ziele für sich und nehmen Sie diese ernst. Versuchen Sie auch aus Fehlschlägen zu lernen. Nehmen Sie sich Zeit, die Situation zu analysieren und versuchen Sie herauszufinden, welche Chance die neue Lage für Sie bietet und welche Ihrer Wünsche sich trotz eines Misserfolges oder Verlusterlebnisses verwirklichen lassen.

... durch persönliche Zielfindung

Bedenken Sie bitte diese Gesichtspunkte, wenn Sie Ihre persönliche Zielfindung (Kap. 3) durchführen.

2.5 Literaturempfehlungen

- BAMBECK, JOERN J.: Persönlichkeits-Struktur-Test, Frankfurt am Main 1993
- DiSG-TRAININGS-UNTERLAGEN: Persönlichkeitsprofil – Zur Selbstauswertung mit Tips für die Anwendung, 3. Auflage, Mainz 1992
- HELFRECHT, MANFRED: Helfrecht-Planungssystem, Bad Alexandersbad 1986
- JOSEF SCHMIDT COLLEG: Ich gestalte meine Zukunft, Bayreuth 1988
- STEINER, CLAUDE: Wie man Lebenspläne verändert – Die Arbeit mit Skripts in der Transaktionsanalyse, 4. Auflage, Paderborn 1985
- VESTER, FREDERIC: Phänomen Streß, 13. Auflage, München 1993

Der Langsamste,
der sein Ziel nur nicht aus den Augen verliert,
geht immer noch geschwinder als der,
der ohne Ziel herumirrt.
GOTTHOLD EPHRAIM LESSING

3 Persönliche Zielfindung

3.1 Vom Sinn der persönlichen Zielfindung

Viele Menschen haben Fantasien und Fiktionen darüber, wie sie ihr Leben gestalten möchten, was sie beruflich und privat erreichen wollen. Die eigene Zukunftsplanung wird häufig von unpräzisen, unklaren und unreflektierten Vorstellungen geprägt. Spontane Wünsche und Ideen sowie das aktuelle Tagesgeschehen beeinflussen dabei das Handeln sehr stark.

Unklare Ziele ...

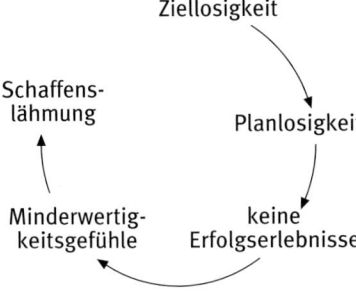

Nicht selten geht unnötigerweise Energie verloren, weil Ziele verfolgt werden, die unter Berücksichtigung eigener Möglichkeiten nicht zu erreichen sind oder die sich für die Weiterentwicklung der Persönlichkeit eher hinderlich als förderlich auswirken. Auch durchdachtes Handeln bleibt wenig erfolgreich, wenn Ziele nicht oder undeutlich formuliert werden.

... führen zu Reibungsverlusten.

Abb. 4: Ziellosigkeit
(Quelle: SEIDEL *1990, S.101)*

Zur Zielerreichung sind Zielbestimmung **und** Planung notwendig, wobei Zielfindung die Grundlage des Handlungsablaufes darstellt.

Können Ziele verwirklicht werden und stellt sich somit Erfolg ein, bleibt dies nicht ohne Wirkung auf das Selbstwertgefühl. Eine Weiterentwicklung der Persönlichkeit ist möglich.

Zielfindung als Basis ...

... für erfolgreiches Handeln

Abb. 5: Klare Zielsetzung
(Quelle: SEIDEL *1990, S. 101)*

Es geht nicht darum, Sie mittels des Zielfindungsverfahren in ein Raster zu pressen und zu einem perfekt funktionierenden Wesen zu machen, das in einem institutionellen Apparat möglichst effektiv und fehlerfrei handelt. Der persönliche Zielfindungsprozess soll Sie dabei unterstützen, Ihr Leben erfolgreicher zu gestalten.

> **Ohne Selbstfindung keine Zielfindung!**
> **Ohne Zielfindung keine Planung!**
> **Ohne Planung keine Zielerreichung!**
> **Ohne Zielerreichung kein Erfolg!**
> **Ohne Erfolg keine Weiterentwicklung der Persönlichkeit!**

3.2 Reflexion über Erfolg

Ziel und **Erfolg** sind wesentliche Begriffe, die einer näheren Betrachtung und Eingrenzung bedürfen. Zunächst sollen einige Überlegungen zum Thema **Erfolg** angestellt werden:

Erfolg ...

Erfolg lässt sich nicht einfach und eindeutig beschreiben. Es gibt viele unterschiedliche Vorstellungen und Definitionen, was erfolgreiches Handeln bedeuten kann, wie sich Erfolg im Beruf, mit Freunden und im Familienleben zeigt, und an welchen Merkmalen er sich konkretisieren lässt.

... lässt sich nur individuell definieren.

Nur Sie allein können letztendlich darüber urteilen, wann Sie erfolgreich agiert haben. Es ist deshalb angebracht, sich vor der persönlichen Zielbestimmung dahingehend Gedanken zu machen, welchen Stellenwert Erfolg im eigenen Leben einnimmt und wie Erfolg individuell bestimmt wird.

Die anschließenden Fragen sollen Ihnen eine Hilfestellung bieten, Ihre **individuelle Erfolgsdefinition** zu finden. Es empfiehlt sich, die Ergebnisse der Reflexion in regelmäßigen Zeitabständen zu überprüfen.

Fragenkatalog zur individuellen Erfolgsdefinition (KV I-10)

1. Welche außergewöhnlichen Misserfolge habe ich bisher erlebt?
2. Warum bewerte ich Lebensereignisse und Situationen als Misserfolge?
3. Welche außergewöhnlichen Erfolge habe ich bisher erreicht?
4. Warum bewerte ich Lebensereignisse und Situationen als Erfolge?
5. Was macht mich wütend und ärgerlich?
6. Was bereitet mir Spaß und Freude?
7. Welche Menschen bezeichne ich als eher erfolglos?
8. Warum bewerte ich andere als erfolglos?
9. Welche Menschen bezeichne ich als eher erfolgreich?
10. Warum bewerte ich andere als erfolgreich?
11. Welche Umstände und Personen hemmen meinen Erfolg?
12. Welche Umstände und Personen fördern meinen Erfolg?
13. Wie würde ich Erfolg für mich beschreiben?
14. Welche Erfolge erhoffe ich mir für die Zukunft?

3.3 Ziele

3.3.1 Zielkriterien

Im Gegensatz zu den Kennzeichen des Erfolges lassen sich die Merkmale eines **Zieles** klar definieren:

■ **Ziele sind auf die Zukunft gerichtet.**
(Grundsatz-, Rahmen- und Ergebnisziele)
Zurückliegende Ereignisse müssen im Zielfindungsprozess sicherlich ebenso berücksichtigt werden wie die gegenwärtige Situation. Es macht verständlicherweise jedoch keinen Sinn, die Vergangenheit zu planen.

■ **Ziele sind der angestrebte positive Endzustand.**
(Grundsatz-, Rahmen- und Ergebnisziele)
Wichtig ist es, die Ziele zu definieren und nicht den Weg dorthin. Ziele stellen den Endpunkt bestimmter Weiter- und Fortentwicklungsphasen dar. Sie sollen unter keinen Umständen negativ formuliert sein.

■ **Ziele müssen in einem realistischen und überschaubaren Zeitraum erreichbar sein.**
(Rahmen- und Ergebnisziele)
Die Möglichkeit, ein gestecktes Ziel zu realisieren, kann sehr motivierend wirken und Kreativität freisetzen. Die wirklichkeitsnahe Einschätzung der erforderlichen Zeit zur Zielerreichung spielt dabei eine wichtige Rolle. Liegt der Zeitpunkt einer Zielverwirklichung zu weit in der Ferne, wird das Ziel möglicherweise aus den Augen verloren und nicht weiter bearbeitet. Ist der gesetzte Zeitrahmen zu knapp bemessen, sind Frustrationserlebnisse vorprogrammiert.

■ **Ziele müssen handlungsrelevant sein.**
(Ergebnisziele)
Aus Zielen lassen sich unmittelbar Handlungen ableiten. Sie müssen deshalb so konkret wie möglich formuliert sein. Ziele sind an den Möglichkeiten und Grenzen der Handelnden zu orientieren. Es ist nicht zweckmäßig Ziele zu setzen, deren Verwirklichung die Ressourcen der beteiligten Personen allzu deutlich übersteigen. Gerade deshalb ist der aufwendige Selbstfindungsprozess nötig, wie Sie ihn in Kap. 2 kennen gelernt haben.

Zielsetzungen, die unter Berücksichtigung dieser vier Kriterien erfolgen, vereinfachen die spätere Planung und Durchführung der wesentlichen Abläufe zur Zielerreichung. Die Nachvollziehbarkeit des Handelns wird für Außenstehende und Betroffene erleichtert. Der Einzelne kann in seinem Tun größere Sicherheit erlangen, da Erfolg und Misserfolg leichter überprüfbar sind.

Ziele sind ...

... auf die Zukunft gerichtet,

... der positive Endzustand,

... in einem überschaubaren Zeitraum erreichbar,

... handlungsrelevant.

Ziele erleichtern Planung, Durchführung und Kontrolle.

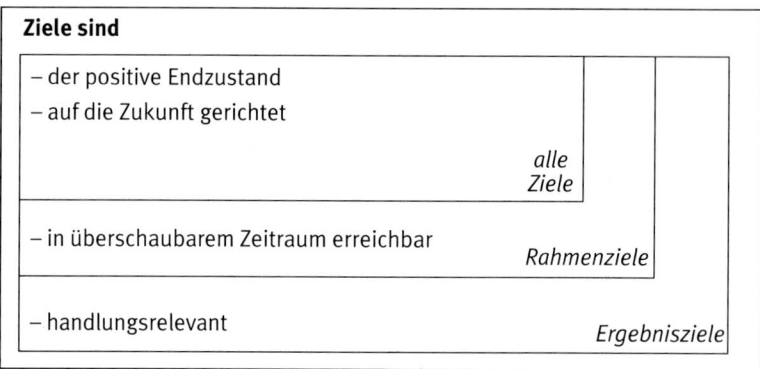

Ziele sind

- der positive Endzustand
- auf die Zukunft gerichtet

alle Ziele

- in überschaubarem Zeitraum erreichbar

Rahmenziele

- handlungsrelevant

Ergebnisziele

Abb. 6: Zielkriterien und Zielebenen

3.3.2 Zielebenen

Zielhierarchie

Ziele lassen sich unter zeitlichen Gesichtspunkten sowie ihrer Bedeutung nach in drei Zielebenen einteilen:

Grundsatzziele

- **Grundsatzziele (GZ)** oder Lebensziele
Grundsatzziele stellen die höchste Zielebene dar und beinhalten Zielvorgaben, die über einen sehr langen Zeitraum (eventuell sogar ein Leben lang) umfassende Gültigkeit besitzen. Grundsatzziele können von gesellschaftlichen Einflüssen geprägte, dauerhafte Grundwerte sein, die der Einzelne in seinem Leben verwirklicht sehen will. Grundsatzziele sollen durchaus ein Stück weit von Fantasien und Visionen beeinflusst sein.

Rahmenziele

- **Rahmenziele (RZ)** oder Periodenziele
Rahmenziele leiten sich aus den Grundsatzzielen ab und konkretisieren diese inhaltlich für aktuelle Situationen. Sie sollen in einem zeitlichen Rahmen von ca. 1 bis 7 Jahren zu erreichen sein. Aus einem Grundsatzziel lassen sich mehrere Rahmenziele ableiten, die diesem allerdings nicht widersprechen dürfen.

Ergebnisziele

- **Ergebnisziele (EZ)** oder Jahresziele
Aus den Rahmenzielen ergeben sich schließlich die Ergebnisziele. Sie besitzen in jedem Falle Handlungsrelevanz und sollen so verfasst sein, dass eine baldige Bearbeitung möglich ist. Eine zeitlich überschaubare Begrenzung muss gesetzt werden. Ergebnisziele sollen längstens innerhalb eines Jahres zu realisieren sein. Bei der Formulierung der Ergebnisziele sind alle gegebenen und realisierbaren Möglichkeiten und Bedingungen (Ausbildung, Wohnsituation, finanzielle Verhältnisse usw.) zu berücksichtigen. Diese Rahmenbedingungen können die Zielfindung grundlegend beeinflussen und prägen.

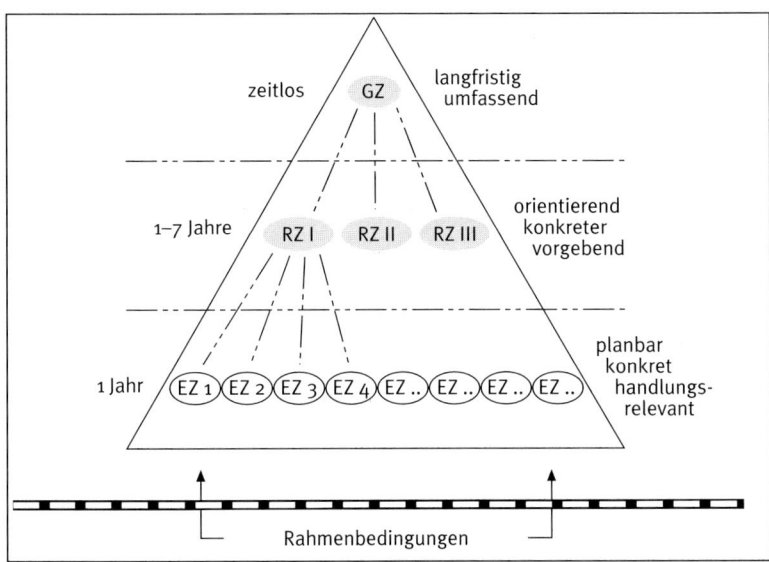

Abb. 7: *Zielpyramide*

3.3.3 Realisierbarkeitsprüfung

Sammlung und Formulierung von Zielen sollte zunächst möglichst intuitiv und ohne selbst auferlegte Beschränkungen des eigenen Ideenreichtums erfolgen. Fantasie und Kreativität dürfen sich entfalten.

Kreativ gesammelte Ziele ...

Zwangsläufig werden Sie auch Ziele entwickeln, die nicht oder nur sehr schwer zu erreichen sind. Alle Ziele müssen deshalb einer Realisierbarkeitsprüfung unterzogen werden.

Im persönlichen Zielfindungsprozess kann es ausreichend sein, sich nach der Zielformulierung (schriftlich) zu verdeutlichen, welche Bedingungen und Voraussetzungen eine mögliche Zielerreichung hemmen und welche fördernden Umstände vorliegen. Eine weitere Zielüberprüfung kann eventuell Folge dieser Gegenüberstellung sein.[7]

... müssen auf Realisierbarkeit geprüft werden.

3.3.4 Zielkorrektur

Der Zielfindungsprozess muss so aufgebaut sein, dass eine Zielkorrektur jederzeit möglich ist. Neben der Realisierbarkeitsprüfung kann die regelmäßige Wiederholung des Selbstfindungsprozesses (vgl. Kap. 2) eine Abänderung des Zielkatalogs nach sich ziehen. Veränderte Umweltsituationen, neue Einstellungen und Erfahrungen müssen berücksichtigt werden und erfordern eine erneute Auseinandersetzung mit den selbst gewählten Zielen.

Ziele müssen jederzeit korrigierbar sein, ...

---

[7] Ein Vordruck für die Realisierbarkeitsprüfung im persönlichen Bereich ist unter Kap. 3.7 (KV I–20) angefügt. Weitere Hinweise auf vertiefende Techniken finden Sie in Kap. 4.6.3 und Kap. 5.6.3 .

... um veränderten Gegebenheiten ...

Beim Versuch, gesetzte Ziele zu verwirklichen, kann es sich auch in der Planungs- oder Durchführungsphase herausstellen, dass Ihre Ziele erneut überdacht und überarbeitet werden müssen, weil – entgegen vorhergehender Überlegungen – fördernde Bedingungen nicht (mehr) gegeben sind.

... und eigenen Möglichkeiten Rechnung zu tragen.

Sie sollten sich im Klaren sein, dass eine Abänderung Ihrer Ziele nicht mit Misserfolg oder Scheitern gleichzusetzen ist. Durch Ihre kontinuierliche Beschäftigung mit der eigenen Persönlichkeit erhöht sich zwangsläufig die Sensibilität für eigene Fähigkeiten und Bedürfnisse. Sie lernen sich selbst und Ihre Möglichkeiten immer besser kennen und können Wünsche differenzierter artikulieren.

3.3.5 Prüfgrößen

Wie gezeigt, können Erfolgserlebnisse Selbstbewusstsein und Selbstwertgefühl steigern. Bei der Formulierung Ihrer Ziele sollten Sie sich bereits Gedanken darüber machen, an welchen Kriterien die spätere Zielerreichung zu messen ist. Dies erleichtert die Effektivitätsprüfung und eine Reflexion Ihres Handelns.[8]

Prüfgrößen sind ein subjektiver Bewertungsmaßstab ...

Prüfgrößen sind Indikatoren, die auf etwas verweisen, was nicht unmittelbar erfassbar ist und über Symptome erschlossen werden muss (vgl. Heiner 1988, S. 31). Oftmals ist ein Erfolg oder Misserfolg bei der Realisierung von Zielen nur über mehrere solcher Kriterien zu erfassen. Es ist zu beachten, dass der Gebrauch von Prüfgrößen fachliche Kompetenz voraussetzt.

Mit der individuellen Erfolgsdefinition (Kap. 3.2) haben Sie die Grundlage für eine kritische Einschätzung und Bewertung geschaffen. Sie müssen nun lediglich für jedes der handlungsrelevanten Ergebnisziele entsprechende Prüfgrößen bestimmen.

... für die Umsetzung persönlicher Ziele.

Prüfgröße kann beispielsweise ein Zeitpunkt (... in sechs Monaten) oder ein konkretes Ereignis (Beförderung usw.) sein. Prüfgrößen sind immer subjektiv festgelegt, dennoch stellen sie einen geeigneten Bewertungsmaßstab für Erfolg dar. Je detaillierter sie beschrieben werden können, desto leichter fällt die spätere Beurteilung der Zielerreichung.

---

[8] Siehe Kap. 3.8.

3.4 Ablaufmodell der persönlichen Zielfindung

Um die Zielfindung so effektiv wie möglich zu gestalten, sind einige aufeinander folgende und ineinander greifende Arbeitsschritte nötig. Für den persönlichen Zielfindungsprozess zeigt dies das folgende Ablaufschema:[9]

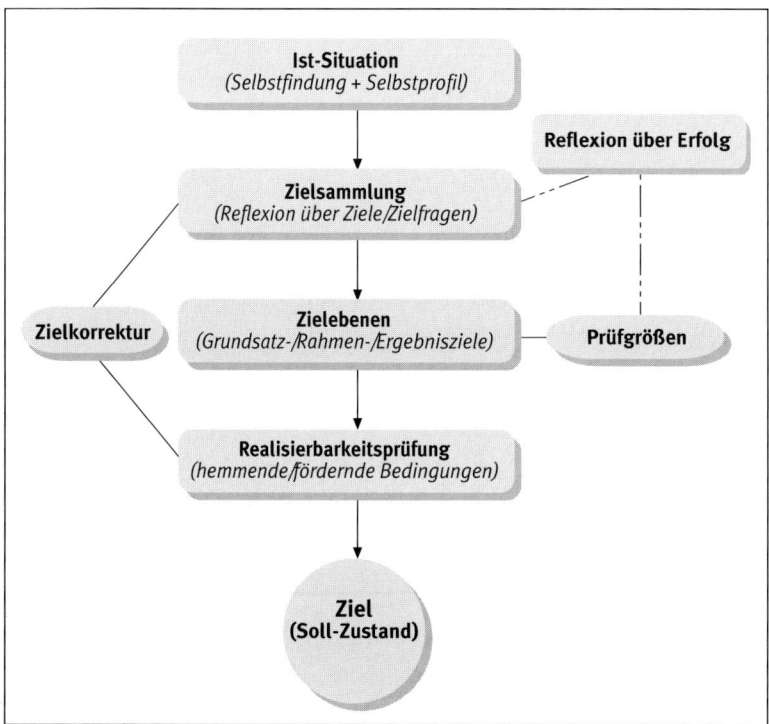

Abb. 8: Ablaufmodell der persönlichen Zielfindung

---

[9] Um Ihre Zielfindung weiter zu optimieren, kann es unter Umständen erforderlich sein, das Ablaufmodell durch weitere Arbeitsschritte zu ergänzen. In Kap. 4 und Kap. 5 finden Sie differenzierte und übertragbare Entwürfe für Zielfindungsverfahren.

3.5 Selbstprofil

Nach den theoretischen Vorüberlegungen kann die eigentliche Bestimmung der persönlichen Ziele beginnen. Die zwölf folgenden Aussagen und die dazugehörige Bewertungsskala ermöglichen eine grafische Darstellung Ihres Selbstbildes. Entscheiden Sie für jede einzelne Aussage, inwieweit diese für Sie zutrifft. Sie erhalten Skalenpunkte, welche zur Verdeutlichung zu einer Linie verbunden werden können.

Selbstbild (KV I-11)

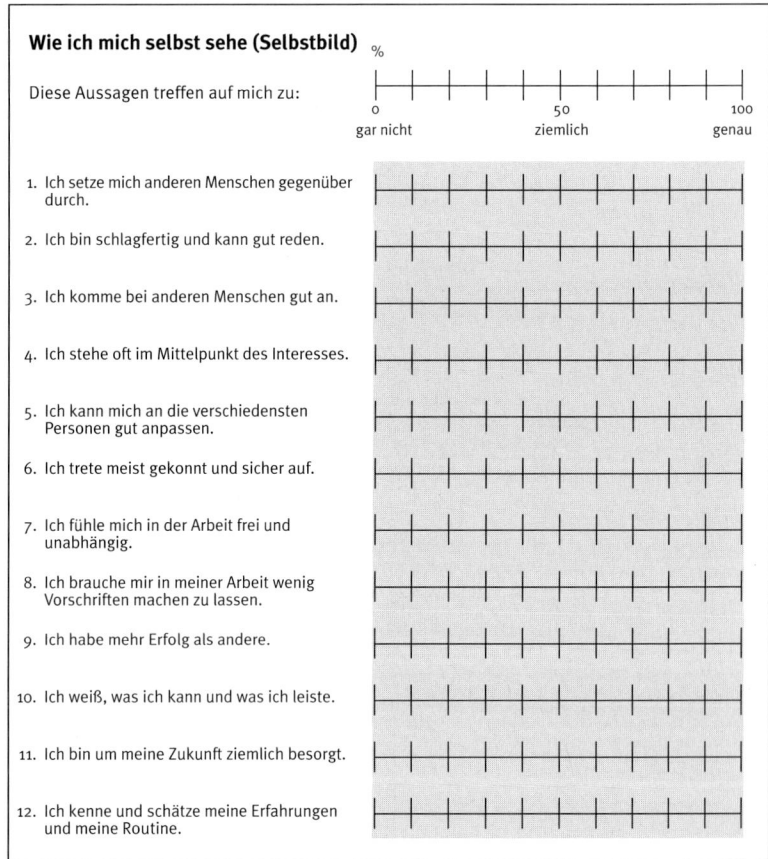

Wie ich mich selbst sehe (Selbstbild) %

Diese Aussagen treffen auf mich zu:

0 gar nicht · 50 ziemlich · 100 genau

1. Ich setze mich anderen Menschen gegenüber durch.
2. Ich bin schlagfertig und kann gut reden.
3. Ich komme bei anderen Menschen gut an.
4. Ich stehe oft im Mittelpunkt des Interesses.
5. Ich kann mich an die verschiedensten Personen gut anpassen.
6. Ich trete meist gekonnt und sicher auf.
7. Ich fühle mich in der Arbeit frei und unabhängig.
8. Ich brauche mir in meiner Arbeit wenig Vorschriften machen zu lassen.
9. Ich habe mehr Erfolg als andere.
10. Ich weiß, was ich kann und was ich leiste.
11. Ich bin um meine Zukunft ziemlich besorgt.
12. Ich kenne und schätze meine Erfahrungen und meine Routine.

(Mit freundlicher Zustimmung zit. nach Prof. Dr. GERHARD GRAF: Unveröffentlichtes Vorlesungsmanuskript im Fach Psychologie, Fachhochschule Coburg, Wintersemester 1990/1991)

Beschreibung der gegebenen Ist-Situation ...

Das so entstehende *Selbstbild* ist sicherlich sehr subjektiv. Wenn Sie sich allerdings die Ergebnisse aus Kap. 2 (Selbstfindung) an dieser Stelle noch einmal ins Gedächtnis rufen, erhalten Sie insgesamt eine realistische Übersicht über eigene Fähigkeiten und Ressourcen und Ihren Standpunkt im Leben. Sie haben alles in allem eine gute Situationsanalyse (**Ist-Zustand**) für Ihre Person ausgearbeitet.

Im weiteren wird es darum gehen, Ihre Wünsche und Erwartungen für die Zukunft zu ermitteln (**Soll-Zustand**). Als ersten Schritt entwerfen Sie in ähnlicher Weise wie beim *Selbstbild* ein subjektives *Wunschbild*. Bewerten Sie die Aussagen auf der Skala unter dem Gesichtspunkt von Veränderungen Ihres Selbstbildes, welche Sie für sich erreichen möchten.

... und eines zukünftig erwünschten Soll-Zustandes mit dem Selbstprofil

Wunschbild (KV I-12)

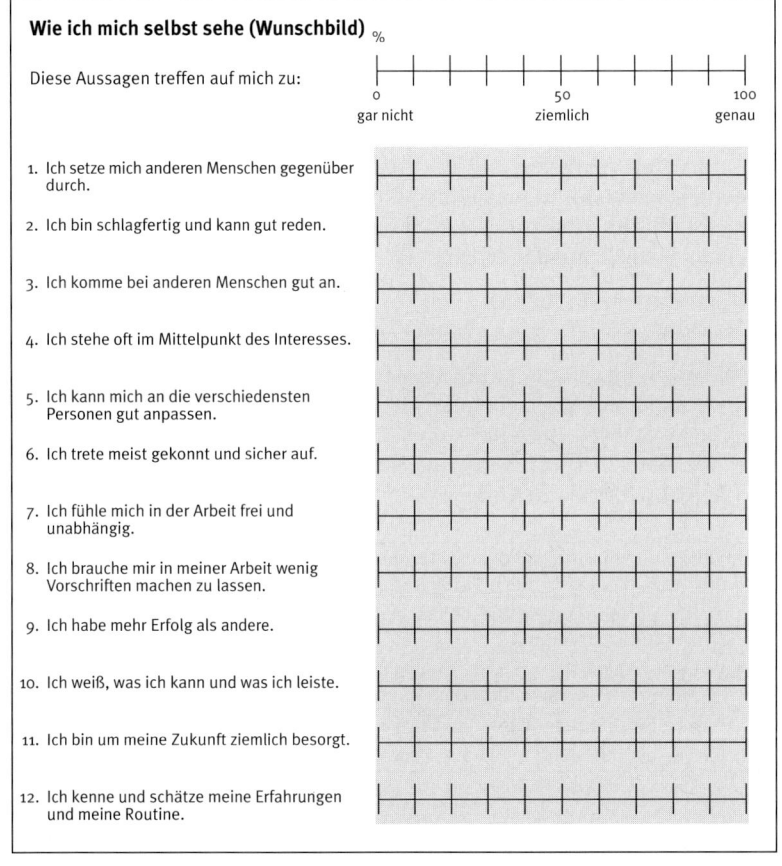

Wie ich mich selbst sehe (Wunschbild) %

Diese Aussagen treffen auf mich zu:

0   50   100
gar nicht   ziemlich   genau

1. Ich setze mich anderen Menschen gegenüber durch.
2. Ich bin schlagfertig und kann gut reden.
3. Ich komme bei anderen Menschen gut an.
4. Ich stehe oft im Mittelpunkt des Interesses.
5. Ich kann mich an die verschiedensten Personen gut anpassen.
6. Ich trete meist gekonnt und sicher auf.
7. Ich fühle mich in der Arbeit frei und unabhängig.
8. Ich brauche mir in meiner Arbeit wenig Vorschriften machen zu lassen.
9. Ich habe mehr Erfolg als andere.
10. Ich weiß, was ich kann und was ich leiste.
11. Ich bin um meine Zukunft ziemlich besorgt.
12. Ich kenne und schätze meine Erfahrungen und meine Routine.

(Mit freundlicher Zustimmung zit. nach Prof. Dr. GERHARD GRAF: Unveröffentlichtes Vorlesungsmanuskript im Fach Psychologie, Fachhochschule Coburg, Wintersemester 1990/1991)

Selbstbild wie auch *Wunschbild* unterliegen zeitlichen Veränderungen und Nivellierungen. Zur wiederholten Durchführung der Arbeitsphasen finden Sie in gewohnter Weise Kopiervorlagen auf der beiliegenden Diskette (*KV I-11* und *KV I-12*).

3.6 Reflexion zur persönlichen Zielfindung

Die Veränderung des Selbstbildes hin zum Wunschbild erfolgt über gezieltes, planvolles Handeln. Mit der Anfertigung des Wunschbildes sind Sie einigen Ihrer Ziele etwas näher gekommen. Die bisher gewonnenen Erkenntnisse reichen jedoch bei weitem nicht aus, eine erfolgreiche Zukunft zu planen und dementsprechend sinnvolle Ziele zu formulieren.

> „Wenn wir Erfolg mit persönlicher Wunscherfüllung beschreiben, gibt es nur eine Konsequenz: Unsere Ziele müssen mit unseren ureigensten, innigsten und stärksten persönlichen Wünschen identisch sein. Nur dann werden die für den Erfolg notwendigen inneren Kräfte geweckt: Kreativität, Kontaktfreudigkeit, Verhandlungsgeschick, Ausdauer, Lebensfreude und Lebenskraft."
>
> (HELFRECHT 1986, S IV 2)

Annäherung an die persönlichen Ziele mittels Reflexion

Die Bearbeitung der anschließenden Zielfragen erleichtert die Annäherung an **Ihre** Ziele und Wünsche und vereinfacht eine abschließende Zielformulierung. Selbstverständlich ist es auch hier nötig, die Ergebnisse einer fortlaufenden Überprüfung zu unterziehen, um Veränderungen festhalten und berücksichtigen zu können.

Fragenkatalog zur persönlichen Zielfindung (KV I-13)

1. Was habe ich bisher mit Widerwillen getan und was möchte ich in Zukunft vermeiden?
2. Welche von den Dingen, die mir bisher sehr viel Freude bereitet haben, möchte ich zukünftig gerne tun?
3. Wie sollen meine Mitmenschen in meiner dritten Lebensphase (mit ca. 60 Jahren) über mich reden und denken?
4. Welche persönlichen Wünsche habe ich für die Zukunft?
5. Welche beruflichen Wünsche habe ich für die Zukunft?
6. Welche Kenntnisse, Fertigkeiten und Fähigkeiten fehlen mir noch, um diese Wünsche zu verwirklichen?
7. Über welche Kenntnisse, Fertigkeiten und Fähigkeiten verfüge ich bereits, um diese Wünsche zu verwirklichen?
8. Welche persönlichen Mängel und Fehler will ich ausgleichen?
9. Welche persönlichen Stärken will ich weiter ausbauen?
10. Wie soll es um meine Gesundheit in meiner dritten Lebensphase gestellt sein?
11. In welchen Lebensbereichen muss ich mich Herausforderungen stellen?
12. In welchen Lebensbereichen kann ich auf Erreichtes aufbauen?
13. Wie möchte ich in meiner dritten Lebensphase materiell abgesichert sein?
14. Welche mitmenschlichen Beziehungen wünsche ich mir für meine dritte Lebensphase?
15. Welche Anerkennung und Zuneigung möchte ich erhalten?
16. Wem möchte ich Nutzen bringen, um meinem Leben einen bedeutenden Wert zu geben?

3.7 Individuelle Zielformulierung

Im Sinne der Nachvollziehbarkeit und Kontrollierbarkeit erfolgt auch der letzte Arbeitsschritt der persönlichen Zielfindung schriftlich. Anhand der gewonnenen Erkenntnisse aus den Kap. 3.5 und 3.6 müsste es möglich sein, unter Beachtung der Zielkriterien Ihre persönlichen Ziele **mit Prüfgrößen** (vgl. Kap. 3.3.5) auszuarbeiten. Sicherlich ergeben sich eine Vielzahl verschiedener Ziele, die in eine präzise Systematik gebracht werden müssen:

Bestimmen Sie zunächst das Grundsatzziel (eventuell Grundsatzziele), welches sozusagen Ihrem Lebensziel entspricht. Hieraus leiten Sie für Lebensperioden von höchstens sieben Jahren Rahmenziele ab. Diese wiederum werden in Ergebnisziele bzw. Jahresziele umgesetzt. Wahrscheinlich ist es erforderlich, in einer späteren Zeitplanung die Ergebnisziele noch weiter zu untergliedern, in Monats-, Wochen- oder sogar Tagesziele.[10]

- Ziele haben heißt Leben gestalten.
- Ziele haben heißt Initiativen entwickeln.
- Ziele haben heißt Vorhandenes einbeziehen.
- Ziele haben heißt Verantwortung tragen.
- Ziele haben heißt Kräfte freisetzen.
- Ziele haben heißt Wünsche Realität werden zu lassen.
- Ziele haben heißt Vertrauen entwickeln, bei Familie, bei Mitarbeitern, später bei den Banken, der Gesellschaft generell.
- Ziele haben heißt Konzentration auslösen.

(zit. nach Josef Schmidt Colleg 1988, S. 66)

---

[10] Siehe **Band II** dieser Reihe (Zeitmanagement, Planung und Kontrolle des Handlungsvollzuges).

Grundschema der persönlichen Zielformulierung (KV I-14)

Mein Grundsatzziel (Lebensziel):

Mein Rahmenziele (Periodenziele):

RZ ...:   RZ ...:   RZ ...:

Mein Ergebnisziele (Jahresziele):

EZ ...:   EZ ...:   EZ ...:

Prüfgrößen:

Notieren Sie bitte Ihre persönlichen Ziele anhand der folgenden Einteilung. Bedenken Sie, dass die Zielformulierung regelmäßig wiederholt werden sollte (Kopiervorlagen *KV I-15 – KV I-20*).

Ziele im ...

... zwischenmenschlichen Bereich (KV I-15)

Persönliche Ziele

■ **im familiären, partnerschaftlichen, freundschaftlichen, mitmenschlichen Bereich:**
Mein Lebensziel in diesem Bereich, das ich bis ... erreicht haben will, lautet:

Um mein Lebensziel zu realisieren, will ich in einer Zeitperiode von ... Jahren bereits Folgendes erreicht haben:

Für das Jahr setze ich mir deshalb diese Ziele:

Prüfgrößen:

■ **im Bereich Schule / Ausbildung / Arbeit / Beruf:**
Mein berufliches Lebensziel, das ich bis ... erreicht haben will, lautet:

Um mein berufliches Lebensziel zu realisieren, will ich in einer Zeitperiode von ... Jahren bereits Folgendes erreicht haben:

Für das Jahr setze ich mir deshalb diese beruflichen Ziele:

Prüfgrößen:

... beruflichen Bereich (KV I-16)

■ **im materiellen Bereich:**
An materiellen Werten und Sicherheiten will ich in meinem Leben bis ... Folgendes erworben haben:

Um die materiellen Werte und Sicherheiten zu erlangen, will ich in einer Zeitperiode von ... Jahren bereits Folgendes erworben haben:

Für das Jahr setze ich mir deshalb diese materiellen Ziele:

Prüfgrößen:

... materiellen Bereich (KV I-17)

■ **im Bereich Freizeit und Hobby:**
Mein Lebensziel in diesem Bereich, das ich bis ... erreicht haben will, lautet:

Um mein Lebensziel zu realisieren, will ich in einer Zeitperiode von ... Jahren bereits Folgendes erreicht haben:

Für das Jahr setze ich mir deshalb diese Ziele:

Prüfgrößen:

... Bereich Freizeit und Hobby (KV I-18)

■ **im gesellschaftlichen Bereich (*Kirche, Politik, Vereine, Verbände etc.*):**
Im gesellschaftlichen Bereich will ich bis ... das Folgende Lebensziel verwirklichen:

Um mein Lebensziel zu realisieren, will ich in einer Zeitperiode von ... Jahren bereits Folgendes erreicht haben:

Für das Jahr setze ich mir deshalb diese gesellschaftlichen Ziele:

Prüfgrößen:

... gesellschaftlichen Bereich (KV I-19)

■ **im gesundheitlichen, körperlichen Bereich:**
Mein Lebensziel in diesem Bereich, das ich bis ... erreicht haben will, lautet:

Um mein Lebensziel zu realisieren, will ich in einer Zeitperiode von ... Jahren bereits Folgendes erreicht haben:

Für das Jahr setzte ich mir deshalb diese Ziele:

Prüfgrößen:

... Bereich Gesundheit (KV I-20)

Hemmende und fördernde Bedingungen zur Zielerreichung

Nach der Formulierung folgt die Realisierbarkeitsprüfung Ihrer Ziele. Tragen Sie für jedes Ergebnisziel zunächst hemmende und dann fördernde Bedingungen zur Zielerreichung in die Tabelle ein, und bewerten Sie ganz subjektiv, ob eine weitere Zielprüfung vorgenommen werden muss.[11]

Kommen Sie zu dem Ergebnis, dass keine weitere Zielprüfung erforderlich ist, können Sie in die Planungsphase übergehen. Erscheint eine erneute Zielprüfung notwendig, bedeutet dies nicht automatisch, dass ein Ziel als nicht erreichbar entfällt. Erst eine wiederholte und intensive Auseinandersetzung mit hemmenden und fördernden Bedingungen wird Klarheit darüber geben, ob das Ziel weiter verfolgt werden kann, korrigiert werden muss oder **zum jetzigen Zeitpunkt** zu verwerfen ist.

Realisierbarkeitsprüfung (KV I-21)

Ergebnisziele:	Bedingungen		Weitere Zielprüfung	
	hemmende /	fördernde	ja /	nein

Zielerreichung durch Planung und Zeitmanagement

Durch den vorangegangenen Zielfindungsprozess sind Sie der Verwirklichung Ihrer Ziele bereits einen entscheidenden Schritt näher gekommen. Mit der bloßen Zielformulierung allein werden diese natürlich noch nicht realisiert. Die Durchführung entsprechender Handlungen zur Zielerreichung muss geplant und ein sinnvoller zeitlicher Rahmen gesetzt werden.

Es ist nicht ausgeschlossen, mehrere Ziele gleichzeitig zu bearbeiten. Sie werden dennoch gezwungen sein, Prioritäten zu setzen, für sich zu bestimmen, welche Ziele zuerst und auf welche Weise bearbeitet werden sollen. Ausführliche Hinweise zu Zeitmanagement und Planung des Handlungsvollzuges finden Sie in Band II der **Reihe Sozialmanagement**.

---

[11] Die vorgestellte Realisierbarkeitsprüfung für den persönlichen Bereich ist bewußt einfach gehalten, um schnelle Ergebnisse zu ermöglichen. Methodisch komplexere Verfahrensweisen werden in Kap. 4.6.3 und 5.6.3 beschrieben.

3.8 Erfolgskontrolle

Wie dargelegt, sind Ziele auf die Zukunft gerichtet und benennen einen angestrebten positiven Endzustand. Wenn zielorientierte Tätigkeiten langfristig zu dauerhaftem Erfolg führen sollen, sind objektive und subjektive Erfolgskontrollen unverzichtbar (vgl. PREISER 1989, S. 114).

Konstanter Erfolg durch Zielkontrolle

> „Jede Zielsetzung und Planung ist nur so gut wie ihre anschließende Realisierung und die abschließende Kontrolle ihrer Einhaltung."
>
> (SEIWERT 1993, S. 208)

Die Kontrolle des eigenen Handelns soll dazu dienen,

Zweck der Erfolgskontrolle

- das Ausmaß der Zielerreichung zu überprüfen,
- bei Bedarf eigene Handlungsstrategien zu modifizieren,
- für zukünftige Zielfindungs- und Planungsverfahren zu lernen (vgl. PREISER 1989, S. 114).

Eine effektive Beurteilung der Verwirklichung persönlicher Ziele setzt ein hohes Maß an Konsequenz, Reflexions- und Kritikfähigkeit voraus. „Um Selbsttäuschungen vorzubeugen, ist es unerläßlich, vorher festzulegen, nach welchen Kriterien eine zielgerichtete Handlung als erfolgreich gelten soll" (PREISER 1989, S. 114). Dies wird vor allem durch die Zuordnung von Prüfgrößen zu den (Ergebnis-)Zielen erleichtert (vgl. Kap. 3.3.5).

Kontrolle anhand von Prüfgrößen

Um darüber hinaus die Erfolgskontrolle noch weiter zu systematisieren, bietet es sich an, folgende Fragen zu beantworten:[12]

---

[12] Eine Darstellung der von den Autoren vertretenen Standpunkte zu Sinn, Anwendungsbereichen und Durchführungsmöglichkeiten von handlungsbezogenen Kontrollen ist Bestandteil von Band II der **Reihe Sozialmanagement**: Zeitmanagement, Planung und Kontrolle des Handlungsvollzuges. Der angefügte Fragenkatalog stellt nur eine Möglichkeit dar, die Zielerreichung zu bewerten. Weitere Kontrollverfahren finden Sie unter anderem in den Kap. 4.7 und 5.7.

Fragenkatalog zur persönlichen Erfolgskontrolle (KV I-22)

1. Welche Ziele (Grundsatz-, Rahmen- und Ergebnisziele) konnte ich vollständig verwirklichen?
2. Anhand welcher Tatsachen/Fakten/Ergebnisse (bezogen auf Prüfgrößen) kann ich den Erfolg belegen?
3. Welche Ziele konnte ich nur teilweise realisieren?
4. Warum ist keine vollständige Umsetzung meiner Vorstellungen möglich gewesen?
5. Welche weiteren Anstrengungen sind notwendig, um die Ziele dennoch uneingeschränkt zu erreichen?
6. Welche Teilerfolge habe ich trotz allem erreicht?
7. Wo liegen die Gründe für meine Erfolge und/oder Teilerfolge?
8. Anhand welcher Tatsachen/Fakten/Ergebnisse (bezogen auf Prüfgrößen) kann ich diese Teilerfolge belegen?
9. Welche Ziele konnte ich überhaupt nicht realisieren?
10. Welche Ursachen gab/gibt es hierfür?
11. Welche Konsequenzen haben die (positiven wie negativen) Erkenntnisse meiner persönlichen Erfolgskontrolle für meine zukünftigen Vorhaben bzw. mein zukünftiges Handeln?

„Wenn Erfolge und Mißerfolge durch die Zielkontrolle in korrekter Weise mit ihren Ursachen in Verbindung gebracht werden, kann Lernen stattfinden" (PREISER 1989, S. 151). Ein reflektiertes, systematisches Handeln im privaten Bereich wird zwangsläufig auch Auswirkungen auf die Arbeit im beruflichen Handlungsfeld – bezogen auf die Bedürfnisse und Ziele von Klienten – zeigen.

3.9 Literaturempfehlungen

- HELFRECHT, MANFRED: Helfrecht-Planungssystem, Bad Alexandersbad 1986
- PREISER, SIEGFRIED: Zielorientiertes Handeln – Ein Trainingsprogramm zur Selbstkontrolle, Heidelberg 1989
- JOSEF SCHMIDT COLLEG: Ich gestalte meine Zukunft, Bayreuth 1988
- SEIWERT, LOTHAR J.: Mehr Zeit für das Wesentliche – Besseres Zeitmanagement mit der Seiwert-Methode, 15. durchgesehene Auflage, Landsberg/Lech 1993

Wohin wir auch blicken, überall entwickeln
sich die Chancen aus den Problemen.
NELSON A. ROCKEFELLER

4 Zielfindung für den Klienten

4.1 Von der Vielfalt des Zielfindungsprozesses

In den meisten Non-Profit-Einrichtungen, egal ob es sich um Ämter, Beratungsstellen oder Institutionen der Kinder-, Jugend- oder Altenarbeit handelt, kommt es zu direkten, persönlichen Kontakten zwischen Mitarbeitern und Klienten. Oft sind Letztere mit Schwierigkeiten oder Problemen belastet und benötigen Rat, Hilfe oder Förderung.

Professionelle Helfer handeln im direkten Kontakt ...

Der professionelle Helfer unterscheidet sich vom Laien vor allem dadurch, dass er – mit fachlicher Kompetenz ausgestattet – gezielt und geplant handelt. In besonderem Maße gilt das für den Umgang mit Klienten. So vielfältig die beteiligten Personen und Aufgabenfelder im Bereich der Sozialarbeit sind, so differenziert gestalten sich Problemstellungen und mögliche Zielsetzungen.

... mit den Klienten fachlich qualifiziert, gezielt und geplant.

Während ein Klient Beistand in Erziehungsfragen sucht, benötigt ein anderer Unterstützung bei der Beantragung von Sozialhilfe. Auf dem Gebiet der Rehabilitation körperbehinderter Menschen werden meist andere Ziele verfolgt als bei der Integration psychisch Kranker. Die Motivation des Klienten zur Mitwirkung wird entscheidend davon beeinflusst, ob die Verbindung zur sozialen Einrichtung freiwillig oder aufgrund angeordneter Zwangsmaßnahmen zustande gekommen ist. Entsprechend unterschiedlich geprägt sind die Erwartungen an eine Zusammenarbeit.

Die Vielfalt der Problemfelder Sozialer Arbeit ...

Bereits die wenigen Beispiele zeigen, dass es keine allgemein gültigen Zielsetzungen und Konzepte geben kann. Es ist erforderlich, mit dem oder den Klienten individuelle, auf aktuelle Situationen und die Ursachen einer bestimmten Problematik abgestimmte Ziele zu finden. Dies betrifft sowohl die Einzelfallhilfe, die soziale Gruppenarbeit, die Gemeinwesenarbeit und das Case-Management.[13]

... erfordert fallbezogene Zielfindungsprozesse.

---

[13] Eine kurze Einführung zu den genannten Arbeitsformen und Methoden der Sozialarbeit finden Sie im Kap. 4.2.

4.2 Handlungskonzepte für die zielgerichtete Arbeit mit Klienten

4.2.1 Berufliche Kompetenz und methodisches Handeln

Um den Klienten möglichst umfassend bei der Bewältigung seiner Konflikte und Notlagen zu unterstützen, muss der *professionelle* Helfer individuelle Schwierigkeiten und Probleme anhand wissenschaftlicher Erkenntnisse über das Erleben und Verhalten des Menschen erkennen, interpretieren und einer konstruktiven Lösung zuführen können (vgl. BASSARAK/WÜBBEKE, in: BASSARAK 1997, S. 274 ff.).

Berufliche Handlungskompetenz

Damit dies gelingen kann, muss sich der Mitarbeiter einer sozialen Organisation spezifisches Wissen aneignen sowie spezielle Fähigkeiten und Fertigkeiten erlernen. Wesentliches Kennzeichen einer solchen beruflichen Handlungskompetenz sollte es sein, dass der Helfende fähig ist, sein berufliches Handeln in einen Begründungszusammenhang zu stellen, der die eigenen persönlichen Voraussetzungen, das eigene Fachwissen und Fachkönnen, die Rahmenbedingungen des Arbeitsfeldes (hauptsächlich in Bezug auf die Adressaten der Hilfe) einbezieht **und** jede Entscheidung sowie jede Handlung gegebenenfalls in diesem Zusammenhang begründen kann.

Soziale Arbeit ist methodisches Handeln.

Qualifizierte Soziale Arbeit muss demnach immer bewusstes, gezieltes und vor allem **methodisches** Handeln sein!

> Unter methodischem beruflichen Handeln wird ein bewusstes, gezieltes systematisches, geregeltes, kontrolliertes Vorgehen zur Lösung einer konkreten Aufgabe verstanden.
>
> **(vgl. BASSARAK/WÜBBEKE, in: BASSARAK 1997, S.276)**

Methodisches Handeln systematisiert und strukturiert den Handlungsprozess.

Methodisches Handeln umfasst alle Tätigkeiten, mit denen Ereignisse und Strukturen in komplexen sozialen Situationen in einen systematischen Zusammenhang gebracht werden. Der gesamte Prozess der Wahrnehmung und Erfassung einer Ausgangssituation, des Nachdenkens über Arbeitsaufträge sowie die Notwendigkeit und Legitimation zum Handeln, des Entwerfens und Erprobens von Handlungsplänen und der Auswertung des Geschehens wird durch methodisches Handeln strukturiert (vgl. HEINER/MEINHOLD/VON SPIEGEL/STAUB-BERNASCONI 1994, S. 291).

> „Methodisches Vorgehen ist der zentrale Kern jedes beruflichen Handelns."
>
> **(BASSARAK/WÜBBEKE, in: BASSARAK 1997, S.276)**

Für die praktische Umsetzung methodischer Handlungskonzepte im Umgang mit Klienten stehen dem professionellen Helfer – wie im Folgenden dargestellt werden soll – eine Reihe von Arbeitsformen, Methoden, Techniken und Mittel der Sozialen Arbeit zur Verfügung.

Um Verwirrungen zu vermeiden und um eine klare Verständigungsbasis zu schaffen, definieren die Autoren nach ihrem Verständnis für die Reihe Sozialmanagement

Definitionen

- die klassischen Begriffe der Sozialarbeit, also Einzelfallhife, soziale Gruppenarbeit und Gemeinwesenarbeit, als **Arbeitsformen**;

Arbeitsformen

- die innerhalb der Arbeitsformen verwendeten Vorgehensweisen, also z.B. Case-Management und im Besonderen das Konzept des Sozialmanagement, als **Methoden**;

Methoden

- das „Handwerkszeug" des Sozialarbeiters/Sozialpädagogen, also beispielsweise die klientenzentrierte Gesprächsführung, das verhaltenstherapeutische Verfahren usw., als **Techniken**;

Techniken

- die Rahmenbedingungen (Räumlichkeiten, Sachausstattungen, Material für Gruppenspiele, Videoaufzeichnungsgerät etc.), als **Mittel**.[14]

Mittel

4.2.2 Grundprinzipien Sozialer Arbeit und Grundhaltungen im Umgang mit Klienten

Gemeinsame Basis für alle Verfahren und Techniken der Sozialarbeit ist eine gewisse übergreifende Philosophie bzw. Denkhaltung. Welche generellen Voraussetzungen für das Verhältnis von Klient und professionellem Helfer notwendig sind, soll skizziert werden (vgl. BOER/UTERMANN 1970, S. 53):

Grundprinzipien der Sozialen Arbeit

- Das Verhalten des Sozialarbeiters im Umgang mit Menschen ist dem Prinzip der *Anerkennung des Wertes und der Würde jedes Einzelnen* verpflichtet.

Anerkennung der Würde des Einzelnen

- Jeder einzelne Klient, jede Gruppe und jedes Gemeinwesen verfügt über ein fortwährendes *Selbstbestimmungsrecht* und darf auswählen, welche Nöte und Bedürfnisse vorliegen und in welcher Weise Abhilfe geschaffen werden soll.

Selbstbestimmung des Klienten

- Sozialer Arbeit liegt *die Überzeugung* zugrunde, *dass Menschen ihr Verhalten und ihre Einstellungen ändern können* und immer Möglichkeiten für Wachstum und Entwicklung besitzen.

Menschen können sich jederzeit ändern

- In einer Gesellschaft muss allen Menschen *Chancengleichheit* geboten werden.

Chancengleichheit

- Die unterstützende Beziehung wird aus dem Bewusstsein heraus entwickelt, dass ein Recht des/der Klienten auf Selbstachtung, Würde, Selbstbestimmung und Gleichheit der Chancen mit *sozialer Verantwortlichkeit* gegenüber sich selbst, der Familie und der Gesellschaft verbunden sein sollte.

Soziale Verantwortlichkeit der Klienten

---

[14] In der einschlägigen Fachliteratur werden die genannten Begriffe zum Teil abweichend zugeordnet und auch widersprüchlich verwendet.

Grundhaltung im Umgang mit Klienten

Für die Arbeit mit Klienten wurden im Laufe der Zeit eine Vielzahl von therapeutischen Programmen und Beratungsstrategien entwickelt. Stellvertretend für die Techniken der Sozialen Arbeit seien Verhaltenstherapie, Gestalttherapie und das psychoanalytische Konzept genannt.[15]

Unabhängig vom theoretischen Hintergrund der einzelnen Ansätze ist die Beziehung zwischen Hilfe Suchenden und Helfenden als Grundvoraussetzung für erfolgreiche Interventionen von außerordentlicher Bedeutung.

Um Beziehungen mit Klienten aufzubauen, bedarf es zunächst auf Seiten der Helfenden bestimmter Grundhaltungen. CARL R. ROGERS hat hier für seine Gesprächspsychotherapie ein sehr umfassendes und auf viele Bereiche der Sozialarbeit übertragbares Konzept entworfen, das beispielhaft und beschränkt auf einige wenige Aussagen skizziert werden soll (vgl. ROGERS 1990, S. 17 und S. 22 ff.).

ROGERS definiert seine theoretische Sichtweise folgendermaßen:

Klientenzentrierte Grundhaltung nach Rogers

„Die klientenzentrierte Orientierung ist eine sich ständig weiterentwickelnde Form der zwischenmenschlichen Beziehung, die Wachstum und Veränderung fördert. Sie geht von folgender Grundhypothese aus: Jedem Menschen ist ein Wachstumspotential zuzeigen, das in der Beziehung zu einer Einzelperson (etwa zu einem Therapeuten) freigesetzt werden kann. Voraussetzung ist, daß diese Person ihr eigenes reales Sein, ihre emotionale Zuwendung und ein höchst sensibles, nicht urteilendes Verstehen in sich selbst erfährt, zugleich aber dem Klienten mitteilt. Das Einzigartige dieses therapeutischen Ansatzes besteht darin, daß sein Schwerpunkt mehr auf dem Prozeß der Beziehung selbst als auf den Symptomen oder ihrer Behandlung liegt" (ROGERS 1990, S. 17).

Grundbedingungen für die helfende Beziehung

Drei Einstellungen bzw. Bedingungen scheinen für den Erfolg einer Beratung oder Therapie besonders ausschlaggebend zu sein:
- sensibles und präzises einfühlendes Verstehen (Empathie)
- vollständiges und bedingungsfreies Akzeptieren des Klienten
- Echtheit oder Kongruenz

Empathie

Präzises einfühlendes Verstehen (Empathie) meint den Versuch, die Erlebnisse und Gefühle des Klienten möglichst vollständig zu erfassen. Wichtig ist, dass der Therapeut[16] erkennt, welchen Gehalt Erlebnisse und Gefühle für den Betroffenen haben. Empathie bedeutet, sich in die Welt des Klienten hineinzuversetzen. „Es ist ein unmittelbares Gespür im Hier und Jetzt für die innere Welt des Klienten mit ihren ganz privaten personalen Bedeutungen, als ob es die Welt des Therapeuten selbst wäre, wobei allerdings der 'Als ob'-Charakter nie verlorengeht" (ROGERS 1990, S. 23).

---

[15] Verwiesen sei auf vertiefende Fachliteratur (vgl. Kap. 7.2) und vielfältige Fortbildungsangebote.

[16] Die in Anlehnung an ROGERS im Folgenden häufig benutzte Bezeichnung Therapeut ist als Synonym für *Berater* oder *Helfer* im Allgemeinen zu sehen.

Das Gefühl, verstanden und akzeptiert zu werden, kann das Selbstwertgefühl und die Weiterentwicklung des Klienten enorm positiv beeinflussen. Es wird sicher nicht immer gelingen, den anderen in allen Bereichen zu verstehen. Doch bereits der Versuch des Therapeuten, die Gedanken- und Erlebniswelt des Gegenüber zu begreifen, kann einiges bewirken.

Wertschätzung oder **bedingungsfreies Akzeptieren** erfordert vom Therapeuten, dass er dem Hilfe Suchenden tiefe und echte Zuwendung entgegenbringt. Dies soll im Laufe der Beziehung auch verbalisiert werden und frei von Vorurteilen, Beurteilungen und Bewertungen sein. Der Therapeut soll dem Klienten ohne Einschränkungen mit einer warmen, entgegenkommenden und nicht besitzergreifenden Wertschätzung begegnen. Das bedingungsfreie Akzeptieren wird den Klienten mit größter Wahrscheinlichkeit dahin führen, dass er Vertrauen fasst und sich im Verlauf der Beziehung weiter öffnet.

Akzeptanz

Echtheit oder **Kongruenz** bedeutet, dass der Therapeut in der Beziehung zu seinem Klienten ganz er selbst ist und sich nicht verleugnet. Er muss sich im Klaren sein, was er erlebt und empfindet. Er soll sich mit seinen Gedanken und Gefühlen in die Beziehung mit dem Klienten einbringen. So wird er für den Klienten durchschaubar und als Person erkennbar. Es kommt im Prozess zu einer Begegnung von Person zu Person. Für ROGERS ist die Kongruenz die wichtigste Einstellung auf Seiten des Therapeuten.

Kongruenz

Es sei betont, dass der klientenzentrierte Ansatz natürlich nur langsam über eine intensive, tiefer gehende Auseinandersetzung mit der Materie erlernt werden kann. Wenn es jedoch gelingt, die geschilderten Grundhaltungen umzusetzen, wird dies sicherlich Auswirkungen auf den Erfolg der Arbeit und die Qualität der Beziehung zum Klienten zeigen.

Ein von Vertrauen und Empathie getragenes Verhältnis zwischen Sozialarbeiter/Sozialpädagogen und Klient ist die Basis für den Einsatz der nachstehend vorgestellten Arbeitsformen und Methoden und erleichtert alle später aufgeführten Arbeitsschritte.

4.2.3 Grundlagen der Einzelfallhilfe

Eine zentrale Arbeitsform der Sozialen Arbeit stellt in diesem Zusammenhang die Einzelfallhife, auch Case-Work, dar. Ziel der Interaktion zwischen Hilfe Suchendem und Helfer ist hier eine Beseitigung oder Reduzierung von Problemen aufgrund eines vertieften diagnostischen Verstehens, anhand eines kontrollierten Hilfeprozesses und einer gezielten Gesprächsführung (vgl. BANG 1968, S. 25).[17]

Einzelfallhilfe als kontrollierter Hilfeprozess, bei dem der Berater ...

---

[17] Im Folgenden kann nur ein kurzer Überblick zur Vorgehensweise bei der Einzelfallhilfe gegeben werden. Für tiefergehende Inhalte sei auf die angefügten Literaturhinweise in Kap. 7.2 verwiesen.

... eine akzeptierende, nicht verurteilende Grundhaltung einnehmen, ...

Grundsätzliche Voraussetzungen für eine effektive Einzelfallhilfe ist die **akzeptierende, nicht verurteilende Haltung** des Beraters oder Therapeuten (vgl. BANG 1968, S. 123f.). Für die vorbehaltlose Annahme des Klienten ist es wichtig, ihm mit Wärme und Hingabe entgegenzutreten, sein Recht auf die eigene Persönlichkeit zu wahren und bereit zu sein, sich persönlich um seine Bedürfnisse zu kümmern (vgl. PERLMAN 1969, S. 87).

> **„Ziel und Bedeutung des menschlichen Verhaltens sind, Befriedigung zu erlangen, Frustrationen zu vermeiden oder sich ihrer zu entledigen und das innere Gleichgewicht aufrechtzuerhalten."**
>
> **(PERLMAN 1969, S. 22)**

... das Prinzip Hilfe zur Selbsthilfe verfolgen, ...

Dem Prinzip der **Hilfe zur Selbsthilfe** kommt dabei eine besondere Bedeutung zu, denn nur der Mensch, der seine eigenen Kräfte zum Problemlösen einsetzen kann, wird imstande sein, Zielstrebigkeit und Selbstvertrauen zu entwickeln (vgl. PERLMAN 1969, S. 78).

> **„Der Zweck des Caseworkprozesses ist, den Menschen selbst zu veranlassen, an dem einen oder mehreren seiner Probleme zu arbeiten und sich damit auseinanderzusetzen und zwar mit jenen Mitteln, die für sein Vorwärtskommen im Leben am besten geeignet sind."**
>
> **(PERLMAN 1969, S. 76)**

... und in hohem Maße Individualisieren muss.

Der Sozialpädagoge oder Caseworker muss in hohem Maße **individualisieren**, d.h. jeden Menschen als eigenständige, sich auf seine Weise von allen anderen unterscheidende Person anerkennen und verständnisvoll empfangen (vgl. PERLMAN 1969, S. 164).

Vor allem im Gespräch wird es wichtig, die Gefühle des Hilfe Suchenden zu verstehen und bewusst auszudrücken, denn „eine Beziehung zwischen Menschen entsteht erst in dem Augenblick, in dem es zu einem Gefühlsaustausch zwischen ihnen kommt" (PERLMAN 1969, S. 84).

Der Klient soll dort erreicht werden, ...

Der Helfende sollte mit allem, was er in der Beziehung zum Klienten sagt oder tut, versuchen, sein Gegenüber dort zu erreichen, wo dieses mit seinen Gefühlen, seinem Lieben, Hassen und Leiden, seinen Interessen, Idealen und Werten, seinen Überzeugungen und Irrtümern steht (vgl. BANG 1968, S. 130).

... wo er als Persönlichkeit steht.

Der Klient muss da abgeholt werden, wo er sich gerade befindet, um dann gemeinsam mit dem Helfenden Schritt für Schritt – möglichst ohne Über- oder Unterforderung – die als unangenehm erlebte Situation zu überwinden.[18]

---

[18] Zur Situationsanalyse des Klienten siehe Kap. 4.4.

4.2.4 Grundzüge der sozialen Gruppenarbeit

Während im Prozess des Case-Work der Einzelne (zu gegebener Zeit) die volle und ungeteilte Aufmerksamkeit der helfenden Person erhält, ist der Klient in der Situation einer sozialen Gruppenarbeit von anderen umgeben und wird mit ihren teils verschiedenartigen Erfahrungen konfrontiert (vgl. Konopka 1969, S. 120).

Die soziale Gruppe als Hilfsmittel ...

Die Gruppe ist dabei kein Selbstzweck, sondern nur ein Mittel, durch das dem Einzelnen geholfen werden soll, sich psycho-sozial, geistig und körperlich zu entfalten und zu einem selbstverantwortlichen Mitglied der Gesellschaft zu entwickeln (vgl. Schiller 1966, S. 139).[19]

... zur Entfaltung der Persönlichkeit

> **„Soziale Gruppenarbeit ist eine Methode der Sozialarbeit, die den Einzelnen hilft, ihre soziale Funktionsfähigkeit durch zweckvolle Gruppenerlebnisse zu steigern und ihren persönlichen, Gruppen- oder gesellschaftlichen Problemen besser gewachsen zu sein."**
>
> **(Konopka 1969, S. 165)**

„Das Wissen über Stärken und Schwächen jedes einzelnen Gruppenmitgliedes ist eine der Voraussetzungen für die Planung und Durchführung einer Gruppenstunde" (Schiller 1966, S. 139). Der Gruppenleiter muss darauf achten, dass er hinreichend **individualisiert** und sowohl den Einzelnen in der Gruppe als auch die Zusammensetzung der Gruppe als Ganzes erfasst.[20]

Der Gruppenleiter muss individualisieren ...

> **„Die Gruppenarbeit basiert auf der Überzeugung, dass sich der Mensch durch notwendige und bedeutsame Interaktion mit anderen beständig weiterentwickelt."**
>
> **(Konopka 1969, S. 60)**

Für das Zustandekommen eines konstruktiven Gruppenprozesses ist es erforderlich, da **anzufangen, wo die Gruppe bzw. der Einzelne steht.** Erzieherische und fördernde Interventionen beginnen dort, wo die Teilnehmer in ihrer geistigen, gefühlsmäßigen und sittlichen Reife stehen. Das Tempo der Entwicklungen sollte vom Einzelnen und der Gruppe bestimmt sein.

... und dort, wo die Gruppe steht, ein gezieltes, ...

Abhängig von geäußerten bzw. erkannten Bedürfnissen, Interessen und Wünschen wird ein gezieltes **Programm** geplant, ausgeführt und ausgewertet, welches an der **Könnenbasis** ansetzt, die Fähigkeit und Begabungen berücksichtigt und nicht mit den Beschränkungen und Defiziten der Teilnehmer arbeitet.

... auf der Könnenbasis aufbauendes Förderprogramm durchführen, ...

---

[19] Die Ausführungen zu den Prinzipien der sozialen Gruppenarbeit erfolgen – soweit nicht anders erwähnt – in Anlehnung an Schiller 1966, S. 138 ff.

[20] Eine geeignete Methode zur Beobachtung von Beziehungen und deren Veränderungen innerhalb sozialer Gruppen stellt das Soziogramm dar (vgl. Mills 1969).

> **„Hilfe kann nur aus einer Beziehung erwachsen, die auf Vertrauen und gegenseitiger Achtung begründet ist."**
>
> **(KONOPKA 1969, S. 113)**

... mit dem erzieherisch notwendige Grenzen gesetzt werden ...

Da jegliches Zusammenleben von Menschen in Gruppen potenziell die Gefahr von Konflikten beinhaltet, gehört es zu den Aufgaben des Gruppenleiters, **erzieherisch notwendige Grenzen zu setzen** und diese positiv für die Förderung von Eigenverantwortlichkeit und Toleranz beim Klienten zu nutzen.

> **„Die Rolle des Gruppenarbeiters besteht darin, die Beziehungen jedes einzelnen Mitgliedes zu fördern und diese Beziehungen so bedeutsam wie möglich zu machen."**
>
> **(KONOPKA 1969, S. 119)**

... wobei der professionelle Helfer zunehmend entbehrlich werden soll.

„Die Fähigkeit, mit Beziehungen zu arbeiten, ist das Mittel, durch das der Gruppenleiter wirksam wird. Sie beruht auf seinen individuellen und beruflichen ethischen Überzeugungen und dem sensitiven Einsatz seines eigenen Selbst" (KONOPKA 1969, S. 166). Indem er die Hilfe Suchenden befähigt, gemeinsam zu handeln und ihre Probleme vermehrt selbst zu meistern, macht sich der professionelle Helfer schließlich zunehmend **entbehrlich**.

4.2.5 Kennzeichen der Gemeinwesenarbeit

Gemeinwesenarbeit als Reaktion ...

In Zeiten verstärkten gesellschaftlichen Wandels kann Soziale Arbeit nicht mehr ausschließlich auf eine Krisenintervention bei einzelnen Klienten oder relativ abgegrenzten therapeutischen Gruppen beschränkt bleiben.

... auf strukturelle Herausforderungen der Gesellschaft ...

Gerade wenn in einer Gesellschaft deutliche Defizite und Mangelerscheinungen zu erkennen sind, völlig neue Formen des Zusammenlebens aufgebaut werden sollen oder sich große Veränderungen vollziehen, entsteht in der Öffentlichkeit häufig ein starkes Bedürfnis nach unterstützenden Anregungen für die Gestaltung und Bewältigung des sozio-kulturellen Umfeldes (vgl. BOER/UTERMANN 1970, S. 16).

> **„Sozialarbeit ist eine Tätigkeit, die es sich zur Aufgabe macht, die wechselseitige Anpassung von einzelnen, Familien, Gruppen und der sozialen Umgebung, in der sie leben, zu fördern.**
>
> **Dies Ziel sucht sie zu erreichen, indem sie die Fähigkeiten der Einzelnen, die zwischenmenschlichen Beziehungen und die Hilfsquellen des Gemeinwesens fachkundig zum Einsatz bringt."**
>
> **(BOER/UTERMANN 1970, S. 8)**

Nachdem unterschiedliche Gemeinden, Stadtteile oder Kommunen entsprechend vielfältig strukturiert sind, ergeben sich situationsbedingt differierende Wünsche und Anliegen der Bevölkerung für mögliche Veränderungen und/oder Verbesserungen ihres alltäglichen Lebensraumes.

... im vertrauten kommunalen Umfeld

Gemeinwesenarbeit bzw. Community-Organization als methodisches Verfahren bezeichnet den „Prozeß, in dessen Verlauf ein Gemeinwesen seine Bedürfnisse und Ziele feststellt, sie ordnet oder in eine Rangfolge bringt, Vertrauen und den Willen entwickelt, etwas dafür zu tun, innere und äußere Quellen mobilisiert, um die Bedürfnisse zu befriedigen, daß es also in dieser Richtung aktiv wird und dadurch die Haltungen von Kooperation und Zusammenarbeit und ihr tägliches Praktizieren fördert" (Ross 1968, S. 58).

Aufgaben der Gemeinwesenarbeit

> „Gemeinwesenarbeit ist ein Sammelbegriff für verschiedene Aktivitäten, welche die sozio-kulturelle Umgebung des Menschen in einem für günstig erachteten Sinne auf methodische Weise zu beeinflussen suchen durch fachkundig begleitete soziale Prozesse, an denen die betreffende Bevölkerung selbst aktiv teilnimmt."
>
> (zit. nach Boer/Utermann 1970, S. 233)

Gemeinwesenarbeit verläuft im Allgemeinen in fünf Phasen (vgl. Boer/Utermann 1970, S. 84 ff.):

Phasenmodell

- Zunächst gilt es, materielle und/oder nichtmaterielle Bedürfnisse der Beteiligten zu erkennen und bewusst zu machen.
- Nun müssen die festgestellten Bedürfnisse geordnet und in einer Rangfolge festgelegt werden.
- In einem nächsten Schritt sind die Betroffenen zu motivieren, aktiv an der Veränderungen ihrer Lebensbedingungen mitzuwirken.
- Um die Erreichung der gesteckten Ziele zu ermöglichen, sind anschließend alle denkbaren Hilfsquellen aufzuspüren.
- Erst jetzt kann der Übergang zum praktischen Handeln erfolgen.

In allen Stadien der kommunalen Sozialen Arbeit gilt es, grundlegende Verhaltensregeln zu beachten. Der Helfende muss die Mitglieder einer Gemeinschaft akzeptieren und ihnen ausreichend Eigenverantwortung übertragen. Zudem sollte der Kommune das Recht zugestanden werden, eigene Entscheidungen zu treffen, Fehler zu begehen und das Tempo von Veränderungen selbst zu bestimmen (vgl. Boer/Utermann 1970, S. 55).

Handlungsgrundsätze

> „An sich ist die Tatsache, daß der Mensch an der Gestaltung der Gesellschaft arbeitet, nichts Neues. Von den ältesten Zeiten an ist der Mensch damit beschäftigt gewesen, die ihn umgebende Wirklichkeit so zu beeinflussen, daß diese so gut wie möglich seinen Bedürfnissen entspricht."
>
> (Boer/Utermann 1970, S. 3)

4.2.6 Case-Management als integrativer helfender Prozess

Der zunehmende Verlust stabilisierender Vorbilder und sozialer Wechselbeziehungen ...

In einer sich seit längerem sehr schnell wandelnden Gesellschaft sind stabile Handlungsorientierungen und Koordinaten, die dem Einzelnen für ein Leben lang sichere Bezugspunkte liefern könnten, nahezu ebenso verdrängt wie die Möglichkeit des Anknüpfens an vorbildhafte Verhaltensmodelle älterer Generationen (vgl. KEUPP/RÖHRLE 1987, S. 38).

Diese Entwicklung vergrößert Handlungsspielraum sowie Handlungsfreiheit und fördert einen Individualisierungprozess, indem der Mensch lernen muss, sich selbst als Handlungszentrum, als Planungsbüro in Bezug auf seinen eigenen Lebensraum, seine Fähigkeiten, Orientierungen, Partnerschaften usw. zu begreifen (vgl. KEUPP/RÖHRLE 1987, S. 35 und 38).

> **„Immer häufiger machen wir die Erfahrung, daß uns für die Gestaltung alltäglicher Beziehungen die Modelle fehlen und wir sie selbst inszenieren sowie mit den anderen daran beteiligten Personen aushandeln müssen."**
>
> **(KEUPP/RÖHRLE 1987, S. 34)**

Klienten sozialer Organisationen empfinden eine solche weit gehend unstrukturierte Situation allerdings häufig als äußerst schwierig, belastend und problematisch.

... kann ungewohnte Freiräume erzeugen, die den Einzelnen überfordern und verunsichern.

„Für eine zweckmäßige und wirksame Unterstützung muß die soziale Arbeit heute über eindimensional-lineare Zuwendung hinaus zu einer ausgedehnten, viele Bezüge und Elemente *integrierenden Tätigkeit* gelangen" (WENDT 1991, S. 11), wobei soziale Unterstützung dem sich entwickelnden Menschen jene Sicherheit bieten soll, die er für eine explorativere Haltung bei der Bewältigung neuer Rollenanforderungen benötigt (vgl. KEUPP/RÖHRLE 1987, S. 69).

> **„Case Management kombiniert soziale Dienste oder Hilfen, um damit verschiedenen Aspekten einer dürftigen Lage von Menschen möglichst effektiv und effizient zu begegnen."**
>
> **(WENDT 1991, S. 22)**

Ziel ...

Die Methode des **Case-Management** – als Erweiterung traditioneller Arbeitsformen der Sozialen Arbeit – zielt darauf ab, im Einzelfall personen- und situationsbezogen ein **Netzwerk der Unterstützung** zu entwickeln, in welchem eine organisierende und regelnde Leistung sowohl im Handlungsbereich der Klienten wie im Aktionsfeld formeller Dienste und informeller Mithilfe vollbracht werden soll, um den Zustand des ganzen Sozialraumes in dem der Hilfsbedürftige lebt, zu beeinflussen (vgl. WENDT 1991, S. 23).[21]

---

[21] Während mit Case-Work die klassische Einzelfallhilfe (siehe Kap. 4.2.3) beschrieben wird, beinhaltet Case-Management weitergehende Koordinations– und Regelungsaufgaben, d.h. eben das „managen" eines Falles in systemischen Bezügen.

> **„Soziale Netzwerke bezeichnen die spezifischen Webmuster alltäglicher sozialer Beziehungen."**
>
> **(KEUPP/RÖHRLE 1987, S. 7)**

Eine Hauptaufgabe im Case-Management ist sicherlich die Überwindung von Differenzierung und Spezialisierung sozialer Institutionen. Um dem Klienten die geeignete Hilfe zukommen zu lassen, müssen verschiedenartige Dienste und Stellen koordiniert werden (vgl. WENDT 1991, S. 16f.).

... Aufgabe ...

Für den schrittweisen Ablauf des Case-Management bieten sich die Phasen

- Einschätzung
- Planung
- Durchführung
- Kontrolle
- Bewertung

an, welche in einem multifunktionalen Regelkreis zusammengefasst werden können (vgl. WENDT 1991, S. 25 ff.):[22]

... und Verlauf des Case-Management

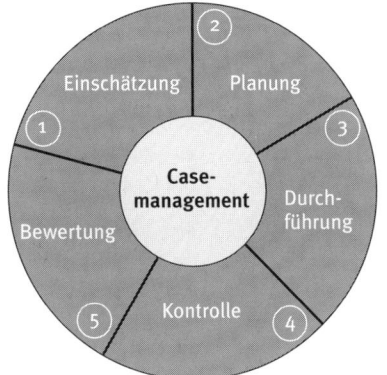

Abb. 9: Case-Management-Regelkreis

Zu Beginn des helfenden Prozesses werden – unter aktiver Mitwirkung des Klienten – seine Stärken und Schwächen, die Aktiva und Passiva des Menschen und seiner Lebensumstände sondiert. Zur **Einschätzung** der aktuellen Konstellation gehört es auch, herauszufinden, welche Probleme vorliegen und wie die Situation günstiger zu gestalten ist.

Einschätzung

In der Phase der **Planung** wird das Neben- und Nacheinander von Bewältigungs- und Unterstützungsaktivitäten festgelegt.

Planung

Welche Funktionen der Case-Manager übernimmt, zeigt sich bei der **Durchführung** der einzelnen Maßnahmen. Der Helfende kann z.B. die Rolle eines Instrukteurs, beratenden Begleiters, Assistenten oder unterstützenden Gefährten übernehmen.

Durchführung

Bereits während der Durchführung beginnt die **Kontrolle** der Handlungen des Klienten und aller Beteiligten. Über Prüfung, Revision, Informationsverarbeitung und Berichterstattung soll dokumentiert werden, ob das Netzwerk der Unterstützung funktioniert.

Kontrolle

---

[22] Zu den genannten Teilschritten finden Sie in dieser Schriftenreihe ausführliche Hinweise, da sie auch ein wesentlicher Bestandteil eines umfassenden Sozialmanagements sind, wie es die Autoren vertreten.

Evaluation

In der abschließenden **Evaluation** des gesamten Unterstützungsmanagements wird die Wirkung des Handelns und dessen Wert für den Klienten beurteilt. Diese Bewertung dient der Entscheidungsfindung im weiteren Case-Management und dem Nachweis der geleisteten Hilfe gegenüber Außenstehenden.

Auch im Case-Management kommt es darauf an, dass ein qualifizierter Helfer den/die Hilfe Suchenden annimmt, persönliche Eigenheiten toleriert und individuelle Interessen des/der Betroffenen berücksichtigt.

4.3 Ablaufmodell der Zielfindung für den Klienten

Das Zielfindungsverfahren für den Klienten ist ähnlich aufgebaut wie die persönliche Zielfindung (Kap. 3):

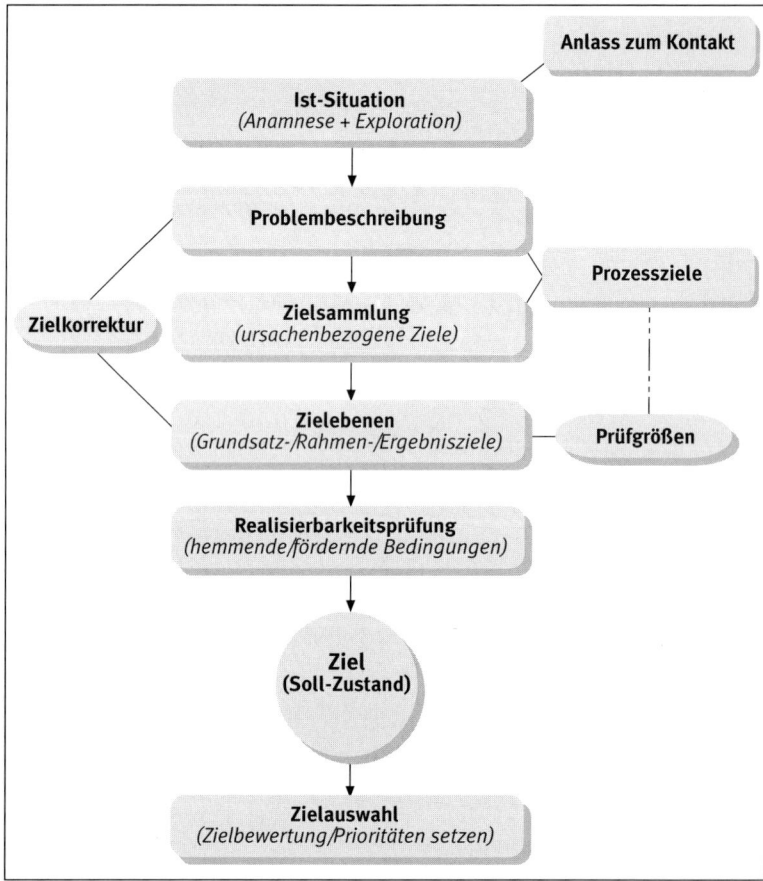

Abb. 10: *Ablaufmodell der Zielfindung für den Klienten*

Alle Einzelschritte der Zielbestimmung sollten in größtmöglichem Konsens mit dem Klienten erfolgen.

Einvernehmen mit den Klienten ...

Zunächst ist mit den Beteiligten eine Situationsanalyse (**Ist-Zustand**) zu erarbeiten. Dies erfolgt hauptsächlich über Anamnese und Exploration. Die Probleme des/der Klienten müssen genau bestimmt werden. Aus der Problemdefinition folgt nach einer Benennung der Prozessziele schließlich der ursachenbezogene Zielkatalog (**Soll-Zustand**). Realisierbarkeitsprüfung und Zielauswahl runden die Zielfindung ab.

... bei allen Arbeitsschritten der Zielfindung

4.4 Situationsanalyse für den Klienten

4.4.1 Persönlichkeitsmodelle

Im Rahmen der Selbstfindung (Kap. 2) fand bereits eine Beschäftigung mit dem Begriff der **Persönlichkeit** statt. Um eine sinnvolle Situationsanalyse für den Klienten vornehmen zu können, empfiehlt es sich, unter psychologischen Gesichtspunkten weitere, vertiefende Überlegungen zu dieser Thematik anzustellen.

Ähnlich wie Stress wird Persönlichkeit in der Alltagssprache anders verwendet als in der Psychologie. Persönlichkeit kann definiert werden als „die Summe der Verhaltensweisen, mit denen ein Individuum charakteristischerweise reagiert und mit anderen Personen in Beziehung tritt" (Ferguson 1970, zit. nach Zimbardo 1983, S. 395).

Definition: Persönlichkeit

Unter den vielen Theorieansätzen, die ein Verständnis von Persönlichkeit vermitteln, sollen drei Modelle kritisch betrachtet werden:[23]
- Persönlichkeit als Trait
- Persönlichkeit als Habit
- Interaktionismus

Im **Trait-Modell** wird davon ausgegangen, dass Menschen über bestimmte charakteristische Eigenschaften und Verhaltensweisen (Traits) verfügen, welche über einen längeren Zeitraum und in verschiedenen Situationen konstant bleiben. Es ist anzunehmen, dass eine Person, die im Moment Hilfsbereitschaft zeigt, auch in Zukunft hilfsbereit sein wird.

Trait-Modell

> **Definition von Persönlichkeit nach dem Trait-Modell:**
>
> „Die Persönlichkeit eines Individuums ist seine einzigartige Struktur von Wesenszügen (Traits) ... Ein Trait ist jeder ... relativ konstante Wesenszug, hinsichtlich dessen eine Person von anderen unterscheidbar ist."
>
> **(Priller 1996, S. 49)**

---

[23] Die Ausführungen zu den hier genannten Persönlichkeitsmodellen erfolgen primär in Anlehnung an Priller 1996.

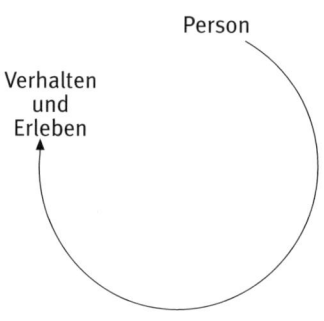

Abb. 11: Trait-Modell

Traits sind „die Wegweiser für das Handeln und der Ursprung seiner Einmaligkeit als Individuum" (ZIMBARDO 1983, S. 402).

Veränderungen aufgrund neuer Lebensumstände oder Erfahrungen sind nach diesem Modell nahezu ausgeschlossen. Die in der Person liegenden Traits beeinflussen das Erleben und Verhalten dauerhaft.

Das Trait-Modell lässt völlig außer Acht, dass die menschlichen Reaktionen sehr oft von konkreten Situationen beeinflusst werden. Eine weiterer Kritikpunkt ist, dass bestimmte Verhaltensweisen nur Beschreibungen oder Zuschreibungen durch die Umwelt sind und keinen Anspruch auf Wissenschaftlichkeit besitzen (eine Person ist *feige* usw.).

Habit-Modell

Das **Habit-Modell** stellt – ausgehend von lerntheoretischen Grundlagen – eine Gegenposition zum Trait-Modell dar. Das Verhalten ist als eine Folge von Lernprozessen anzusehen. Es wird auf Situationen zurückgeführt, in denen sich jemand befindet oder befunden hat. Zwischen Situationen und Reizen sowie den darauf folgenden Reaktionen bilden sich Verknüpfungen. Solche gelernten Verbindungen werden als Gewohnheiten oder Habits bezeichnet. Neue Lernerfahrungen können Veränderungen der Habits herbeiführen.

> **Definition von Persönlichkeit nach dem Habit-Modell:**
>
> **Persönlichkeit ist ein „Muster von Stabilität und Veränderung in Abhängigkeit von definierten situativen Charakteristika."**
>
> **(PRILLER 1996, S. 60)**

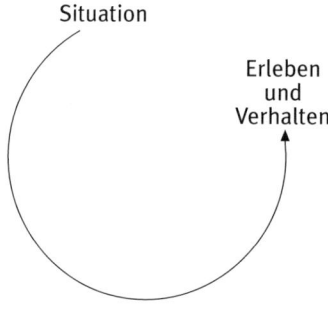

Abb. 12: Habit-Modell

Im Verlauf des menschlichen Lebens bildet sich im Sinne einer Generalisierung ein Verhaltensrepertoire aus. Je häufiger ein bestimmtes Verhalten in der Vergangenheit aufgetreten ist, desto größer ist die Wahrscheinlichkeit, dass es später in ähnlichen Situationen in ähnlicher Form wieder auftritt.

Die Situation bestimmt somit wesentlich das Verhalten.

Auch das Habit-Modell bleibt lückenhaft, denn spezielle Eigenschaften des Menschen, wie Kreativität, schöpferische Leistungen oder die Fähigkeit, selbstreflektiv zu sein, können nicht ausschließlich über Lernprozesse erklärt werden.

> **Der Mensch kann nicht als Wesen betrachtet werden, das von inneren Kräften getrieben wird oder das hilflos den Umwelteinflüssen ausgesetzt wird.**
>
> **(vgl. ZIMBARDO 1983, S. 419)**

Der **Interaktionismus** berücksichtigt sowohl Ideen des Trait- wie auch des Habit-Modells. Im Mittelpunkt dieses Ansatzes steht das Zusammenwirken von Person und Umwelt. Es gibt einerseits Anteile der Person, die das Verhalten dominieren können (Traits). Andererseits beeinflussen Situationen und Lernerfahrungen (Habits) die Handlungen des Menschen. Weder Eigenschaften noch Situationen allein bestimmen das Erleben und Verhalten, sondern die Wechselwirkung zwischen beiden.

Interaktionismus

> **Definition von Persönlichkeit nach dem Interaktionismus-Modell:**
>
> **Die individuellen Eigenschaften eines Menschen werden durch die gegenseitige Beeinflussung von sozialen Stimuli, sozialer und persönlicher Verstärkung und der eigenen Lebensgeschichte determiniert.**
>
> **(vgl. ZIMBARDO 1983, S. 419)**

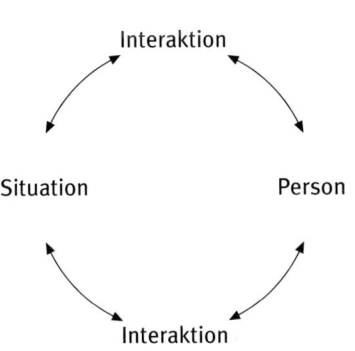

Durch Umwelteinflüsse modifizieren sich Eigenschaften der Person. In der Person liegende Anlagen steuern wiederum das Verhalten in konkreten Situationen. Die Interaktion zwischen Situation und Umwelt bewirkt, dass der Mensch ständig Veränderungsprozessen unterworfen ist.

Die Grundannahmen des Interaktionismus-Modelles bieten konstruktive Anhaltspunkte für die Ausarbeitung von Anamnese und Exploration.

Abb. 13: Interaktionismus

4.4.2 Anamnese und Exploration

Unter **Anamnese** ist zunächst das Sammeln von Informationen und Einzelheiten über den Klienten zu verstehen. Dies kann beispielsweise in Form eines Interviews erfolgen oder über die Auswertung vorhandener

Anamnese

Akten und sonstiger Quellen. Es werden biografische Daten, Fakten und Ereignisse ermittelt, welche die bisherige Lebensgeschichte nachzeichnen. Der Anlass zum Kontakt ist als wichtiges Element in die Überlegungen einzubeziehen.

Es kommt bereits hier darauf an, Wechselwirkungen des Klienten im Bereich Person und Umwelt zu verdeutlichen. Themen der Anamnese sind somit einerseits die objektiven Lebensbedingungen (Wohnung, Schule und Beruf, Familienstand usw.), das Verhältnis zu Bezugspersonen in Familie und Gruppe, das Freizeitverhalten oder seltene Ereignisse (schwere Krankheiten etc.).

Andererseits muss die Anamnese die Grundbedürfnisse des Klienten (Liebe, Partnerschaft, Wunsch nach Anerkennung usw.) sowie ihm wichtige Themen (Angst, Aggression, Macht und Unterwerfung etc.) erfassen.

Exploration

In der **Exploration** wird versucht, die einmalige Entwicklung und Integration des Klienten in vielfältige Lebensbereiche in der Bedeutung für ihn zu beschreiben und zu erklären. Situationen, wie beispielsweise ein Streit mit dem Lebenspartner oder Arbeitslosigkeit, werden unterschiedlich bewertet. Es ist wichtig darzustellen, wie sich solche Konfliktsituationen auf das gegenwärtige Handeln des Klienten auswirken. Ebenso muss der Einfluss vergangener Ereignisse berücksichtigt werden, wie der frühe Tod des Vaters oder die Scheidung der Eltern etc.

Anamnese und Exploration sollten möglichst objektiv und frei von Urteilen und Bewertungen bleiben. Ziel ist es, verschiedenartige Haltungen, Emotionen und Handlungen offenkundig zu machen und so die für das Leben des Klienten zentralen Themen zu finden. So entsteht eine Momentaufnahme der gegenwärtigen Situation des Klienten. Das sich ergebende Bild ist sicherlich nicht immer widerspruchsfrei und in sich geschlossen. Es ist jedoch mehr als ausreichend, um gemeinsam mit dem Klienten eine Problembeschreibung zu erstellen

4.5 Problembeschreibung

Schriftliche Problembeschreibung …

Erst wenn ein Problem konkretisiert und greifbar geworden ist, kann eine Entscheidung über Zielformulierung, Planung und Methoden zur Zielerreichung getroffen werden. Die schriftliche Problembeschreibung beinhaltet, ausgehend von der Situationsanalyse, u.a. Verhaltensweisen, Zustände und Fakten, die sich als negativ und veränderungswürdig herauskristallisieren.[24]

---

[24] Erweist sich eine Problemsituation als zu komplex für die hier beschriebene Methode der Problembeschreibung, so kann ein gesonderter Problemlösungsprozeß (siehe Kap. 6) eingeleitet werden.

Unter Umständen ergeben sich bei der Bewertung des tatsächlichen Problems verschiedene Sichtweisen. Der Klient kann durchaus andere Vorstellungen als der professionelle Helfer davon haben, wie er sein weiteres Leben führen möchte, was er verbessern und was er beibehalten will. Enge Familienangehörige und Freunde werden in einigen Punkten wieder zu anderen Meinungen gelangen.

... aus verschiedenen Sichtweisen

Für die Problemdefinition ist es von größter Wichtigkeit, dass Sie sich als Helfender die Gedanken **aller** Beteiligten bewusst machen. Der Klient und dessen Einschätzung der Situation bleibt jedoch von primärer Bedeutung.

Problembeschreibung (KV I-23)

Probleme aus der Sicht des Klienten:	Probleme aus der Sicht des Helfers:	Probleme aus der Sicht ...:
- - - - - - - - - - - - - - -		- - - - - - - - - - - - - - -
		- - - - - - - - - - - - - - -
- - - - - - - - - - - - - - -		- - - - - - - - - - - - - - -
		Probleme aus der Sicht ...:
- - - - - - - - - - - - - - -		- - - - - - - - - - - - - - -
- - - - - - - - - - - - - - -		- - - - - - - - - - - - - - -
		Probleme aus der Sicht ...:
- - - - - - - - - - - - - - -	- - - - - - - - - - - - - - -	- - - - - - - - - - - - - - -
		- - - - - - - - - - - - - - -
- - - - - - - - - - - - - - -	- - - - - - - - - - - - - - -	- - - - - - - - - - - - - - -

4.6 Zielformulierung für und mit dem Klienten

4.6.1 Prozessziele

Im Zielfindungsprozess wird prinzipiell zwischen Prozesszielen und ursachenbezogenen Ergebniszielen unterschieden. **Prozessziele** sind sehr umfassend und allgemein gültig und „dienen dem Herstellen hilfreicher ('therapeutischer') Bedingungen als Voraussetzung dafür, daß überhaupt gewünschte Veränderungen möglich werden" (HACKNEY/CORMIER 1982, S. 107).

Prozessziele als Basis für eine gezielte Beziehungsarbeit mit Klienten

Prozessziele müssen deshalb nach der Problembeschreibung und vor dem ursachenbezogenen Zielkatalog ausgearbeitet werden. Ziele im Prozess können u. a. sein:

- Es besteht eine angstfreie, vertrauensvolle Beziehung zwischen Klienten und Helfer.
- Der Kontakt findet in einer angstfreien Umgebung statt.
- Der Helfer begegnet dem Klienten mit positiver Wertschätzung.
- Der Helfer akzeptiert den Klienten.

Individualisierung

Prozessziele wie die oben angeführten sind für jede Beziehung mit Klienten erstrebenswert. Dennoch sollten sie für jeden Einzelfall individualisiert werden.

Zielhierarchie und Prüfgrößen

Auch bei Prozesszielen gelten die verschiedenen Zielebenen. Es gibt ein grundsätzliches, übergreifendes Ziel, das sich vor allem unter zeitlichen Gesichtspunkten in Rahmen- und Ergebnisziele untergliedert. Die Bearbeitung der Prozessziele erfolgt in aller Regel parallel zu den Einzelzielen des ursachenbezogenen Zielkataloges. Für die spätere Reflexion sind Prüfgrößen festzuhalten.

Prozessziele (KV I-24)

Grundsatzziel im Prozess:

Rahmenziele im Prozess:
RZ ...:   RZ ...:   RZ ...:

Ergebnisziele im Prozess:
EZ ...:   EZ ...:   EZ ...:

Prüfgrößen:

4.6.2 Ursachenbezogener Zielkatalog

Beim methodischen Handeln mit Klienten müssen sich Ziele auf die Veränderung bzw. Beeinflussung von Ursachen einer erkannten Problematik beziehen, denn nur dadurch kann wirksam geholfen werden. Zunächst sollen die Ziele ohne Rücksicht auf eine spätere Realisierbarkeit gesammelt werden, um alle Möglichkeiten zu berücksichtigen. In der Zielformulierung sind die Zielkriterien (siehe Kap. 3) zu beachten:

Problemorientierte Zielsammlung

> **Ziele sind auf die Zukunft gerichtet.**
>
> **Ziele sind der angestrebte positive Endzustand.**
>
> **Ziele müssen in einem realistischen und überschaubaren Zeitraum erreichbar sein.**
>
> **Ziele müssen handlungsrelevant sein.**

Die bekannte Einteilung in Grundsatz-, Rahmen-, und Ergebnisziele hat auch hier seine Gültigkeit (vgl. Abb. 14: Zielpyramide).

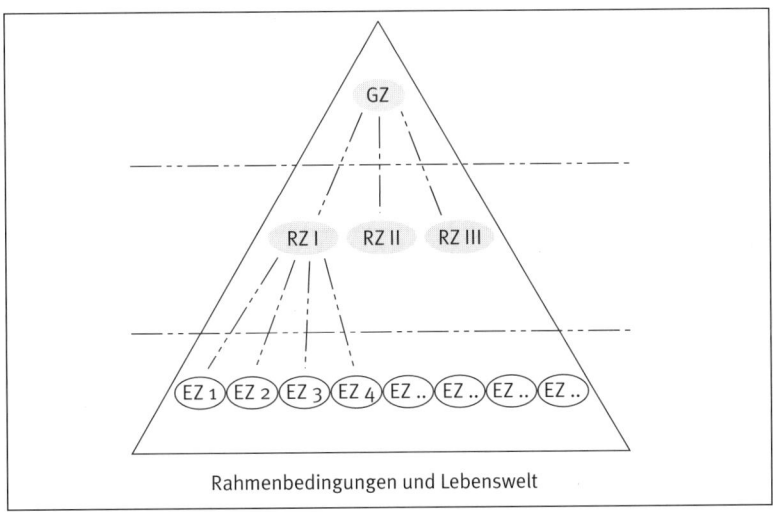

Abb. 14: Zielpyramide

Nachdem soziale Probleme regelmäßig durch bestehende Strukturen bzw. gestörte Systeme in beispielsweise Familie, Nachbarschaft, Umwelt oder Gesellschaft mitbedingt sind, muss Soziale Arbeit an den Lebenszusammenhängen des Menschen ansetzen und das gesamte Beziehungsgeflecht, in welchem sich der Klient befindet, berücksichtigen (vgl. DEUTSCHER VEREIN FÜR ÖFFENTLICHE UND PRIVATE FÜRSORGE 1995, S. 307).

Lebensweltbezug

> **Immanenter Bestandteil der Arbeitsformen Sozialer Arbeit ist der Lebensraum, für den die komplexen sozialen Problem und Problemlagen im Rahmen einer Sozialraumanalyse systematisch eruiert, erfaßt analysiert und dokumentiert werden müssen."**
>
> **(BASSARAK 1997, S. 29)**

Rahmenbedingungen

Die Rahmenbedingungen (Finanzen, rechtliche Grundlagen, örtliche Gegebenheiten, zeitliche Begrenzung, fachliche Kompetenz des Helfers usw.) gewinnen somit bei der Zielfindung für den Klienten an Bedeutsamkeit.[25]

Die schriftliche Zielformulierung beinhaltet, ausgehend von der Problembeschreibung, u. a. Verhaltensweisen, Zustände und Fakten, die sich verändern sollen, mit dem erwünschten positiven Endzustand, den der Klient am Ende einer Zusammenarbeit erreichen sollte. Prüfgrößen sind in gewohnter Weise als Instrument der Erfolgskontrolle anzugliedern.

Sollte der folgende Vordruck für den ursachenbezogenen Zielkatalog nicht genügen, um alle Grundsatz-, Rahmen- und Ergebnisziele (mit Prüfgrößen) zu erfassen, muss ein weiteres Formblatt (KV I-26: Weitere Ziele) herangezogen werden.

---

[25] Für detaillierte Hinweise zu den Rahmenbedingungen Sozialer Arbeit siehe Kap. 5.2.4.

| Grundsatzziel: | Ursachenbezogener Zielkatalog (KV I-25) und weitere Ziele (KV I-26) |

Grundsatzziel:

- -

Rahmenziele:

RZ ...:   RZ ...:   RZ ...:

Ergebnisziele:

EZ ...:   EZ ...:   EZ ...:

Prüfgrößen:

4.6.3 Realisierbarkeitsprüfung

Um die persönliche Zielfindung möglichst übersichtlich zu gestalten, wurde dort die Realisierbarkeitsprüfung sehr kurz gehalten (siehe Kap. 3.3.3 und 3.4). Im Rahmen der Zielfindung für den Klienten bedarf es weiter gehender Ausführungen. Mit der anschließenden Methode soll eine alternative Möglichkeit für die Realisierbarkeitsprüfung von Zielen aufgezeigt werden.

Zunächst sind in bekannter Weise alle die Zielerreichung hemmenden Einflussfaktoren zu notieren, welche Ihnen unmittelbar einfallen. Die ungünstigen Bedingungen werden in einem nächsten Schritt in fördernde, die Zielerreichung unterstützende Gegebenheiten, umgewandelt. Diese sind durch weitere, noch nicht aus der Umwandlung entstandene fördernde Bedingungen zu ergänzen.

Hemmende und fördernde Bedingungen zur Zielerreichung

81

Überprüfen Sie nun, ob die fördernden Bedingungen

- gegeben
- nicht gegeben, aber erreichbar (machbar)
- nicht gegeben und nicht erreichbar (machbar)

sind.

**Realisierbarkeitsprüfung
(KV I-27) und (KV I-28)**

Ziele:	Bedingungen		gegeben	nicht gegeben, aber machbar	nicht gegeben, nicht machbar
	hemmende /	fördernde			

Sind sehr viele fördernde Bedingungen nicht gegeben und nicht machbar, ist eine Zielkorrektur angebracht.

Die Fähigkeit des Klienten sind entscheidend.

Auf die zentrale Bedeutung des Klienten wurde bereits hingewiesen. Er sollte an allen Teilschritten beteiligt sein. Der Helfer kann in der Regel nicht alleine entscheiden, welche Ziele tatsächlich erreichbar sind. Vor allem muss versucht werden, sich jederzeit an den Ressourcen des Klienten zu orientieren.

4.6.4 Zielkorrektur

Zielkorrektur aufgrund neuer Informationen und/oder Rahmenbedingungen

Sowohl eine veränderte Problemsituation als auch neue Erkenntnisse im Bereich der Anamnese und Exploration verlangen nach einer Überarbeitung des Zielfindungsprozesses. Gewandelte Rahmenbedingungen können weiterhin eine Überprüfung der Ziele erfordern.

Eine Zielkorrektur und Zielergänzung muss im Sinne des Klienten jederzeit möglich sein. Alle Ziele, die nach Realisierbarkeitsprüfung und Zielkorrektur noch verbleiben, gehen in die Planungsphase ein.[26]

4.6.5 Zielauswahl

Bei der Beschäftigung mit Gruppen und Einzelpersonen ergeben sich in der Regel eine Vielzahl von Zielen zur Förderung oder Problemaufarbeitung. Der professionelle Helfer muss hier Prioritäten setzen, nachdem Ziele gesammelt und auf Realisierbarkeit geprüft wurden.

---

[26] Zur Methode der Planung siehe **Band II** der **Reihe Sozialmanagement:** Zeitmanagement, Planung und Kontrolle des Handlungsvollzuges).

Wird es notwendig, die entwickelten Ziele in eine Reihenfolge zu bringen, muss eine Bewertung jedes Ergebniszieles erfolgen. Die Auswahl und Gewichtung ist, im Sinne geplanten Handelns, bewusst und überlegt durchzuführen. Die Abhängigkeit von zufälligen Einflussfaktoren kann somit weitest gehend ausgeschaltet werden.

Prioritäten setzen

Ein Hilfsinstrument für die Prioritätenbildung der Ziele ist die so genannte Matrix-Bewertung, deren Ablauf in Kap. 5.6.2.2 detailliert aufgezeigt wird.

4.7 Kontrolle der Zielerreichung

4.7.1 Effektivitätsprüfung

Ein unentbehrlicher Indikator für die Beurteilung des Erfolges Sozialer Arbeit ist das Ausmaß der Zielerreichung. Die Effektivität des Handlungsvollzuges kann hierbei anhand der im Zielfindungsprozess (gemeinsam mit dem/den Klienten) festgelegten Prüfgrößen dokumentiert und eingeschätzt werden.[27]

Effektivitätskontrolle anhand (subjektiver) Prüfgrößen ...

Die Schwierigkeit bei der Zielkontrolle besteht vor allem darin, dass Prüfgrößen im Allgemeinen subjektiv festgelegt, einzelfallbezogen und nicht unmittelbar erfassbar sind. Der Kontrollvorgang ist somit ein stark von der Person – des professionellen Helfers und/oder des Klienten – geprägter Vorgang, der über den Einsatz einer Checklisten standardisiert werden kann:

... über eine standardisierte Checkliste

Ziel/ Prüfgröße	Erreicht	Teilweise erreicht	Nicht erreicht	Warum nicht oder nur teilweise erreicht?	Konsequenzen

Effektivitätsprüfung – Zielerreichung (KV I-29)

---

[27] Zum Thema Erfolg finden sich Erläuterungen in Kap. 3.2.
Zu Prüfgrößen im Zielfindungsprozess siehe Kap. 3.3.5; für weitere Möglichkeiten der Erfolgskontrolle vgl. Kap. 3.8 und 5.7.

Handlungsanleitung	Im Vordruck wird zunächst jedes zu kontrollierende Ziel mit der entsprechenden Prüfgröße aufgeführt. Nun erfolgt anhand der beobachteten bzw. gegebenen Situation eine Differenzierung in die drei Kategorien *„Erreicht"*, *„Teilweise erreicht"* sowie *„Nicht erreicht"*. Die Erläuterungen in der Spalte *„Warum nicht erreicht?"* müssen, falls Ziele nicht oder nur teilweise erreicht wurden, sehr detailliert ausfallen und Auswege, Konsequenzen bzw. Alternativen für die zukünftige Arbeit aufzeigen.[28]

„Ohne Kontrolle ist zielgerechtes Handeln nicht möglich."

(Lotmar/Tondeur 1994, S. 149)

4.7.2 Selbstevaluation

Ergebnis- und Prozesskontrolle in Hinblick auf ...	Die notwendige Aufgabe, Ziele zu überprüfen, den Handlungsvollzug auszuwerten und/oder die eigene Arbeit zu kontrollieren, bietet einen Anlass zurück und vorwärts zu blicken. Dabei interessiert es nicht nur, inwieweit eine gesetzte Norm – ein Ziel – erfüllt wurde. Ebenso aufschlussreich ist der Weg oder Prozess, der zu einer bestimmten Situation geführt hat (vgl. Lotmar/Tondeur 1994, S. 104).
... vergangene Ereignisse und zukünftige Handlungen	Werden Mängel, Defizite, Fehler usw. offenkundig, muss den verschiedenen, meist miteinander vernetzten Ursachen hierfür nachgegangen werden. Gleichermaßen gilt es, dazuzulernen und innovative, möglicherweise bessere Wege für die Zukunft aufzuzeigen. Eventuell müssen unter den gegebenen Bedingungen aber auch neue, realistische Ziele gefunden werden, weil bestimmte Hindernisse zur Zielerreichung keinesfalls beseitigt werden können (vgl. Lotmar/Tondeur 1994, S. 104).
Die Komplexität sozialer Probleme erschwert die Beurteilung von Erfolg.	Bedingt durch eine große Unübersichtlichkeit und Vielschichtigkeit sozialer Problemlagen kann es bei der Frage, ob die verfolgten Zielsetzungen für einen Klienten im Einzelfall richtig gewählt waren bzw. effektiv realisiert werden konnten, nicht nur um eine reine Ergebnis- bzw. Erfolgskontrolle gehen.[29]
	Die positiven wie negativen Auswirkungen Sozialer Arbeit werden oftmals erst durch eine umfassende Evaluation (*Auswertung* bzw. *sachgerechte Bewertung*) erkennbar.
Selbstkontrolle	Der **Selbstkontrolle** des professionellen Helfers kommt hier eine besondere Bedeutung zu, denn im Detail ist es – besonders für Unbeteiligte – schwer, darüber zu urteilen, ob

---

[28] Die Effektivitätsprüfung kann in jeder Zielebene zur Anwendung kommen. Sie sollte sich aber vorrangig auf die Ergebniszielebene beziehen, da erreichte Ergebnisziele eine Realisierung von Rahmenzielen ergeben und diese wiederum die Verwirklichung der Grundsatzziele gewährleisten.

[29] Zum Begriff Problem siehe Kap. 6.1.

- zielgerecht und zielgerichtet sowie angemessen gearbeitet wird;
- die erreichten Veränderungen oder die Erhaltung der gegenwärtigen Situation (als Ziel) den Aufwand lohnen;
- die Bemühungen ohne Erfolg den zu großen Hindernissen in der Person und Situation des Klienten oder der mangelnden Fachkunde des Beraters, Helfers oder Therapeuten zuzuschreiben sind (vgl. Lotmar/Tondeur 1994, S. 146 f.).

> **Für den Erfolg sozialer Arbeit sind oftmals nicht die tatsächlichen Verhaltensänderungen im Problemfeld entscheidend, sondern deren Deutung durch die Beteiligten.**
>
> **(vgl. Heiner 1988, S. 26)**

Für die begleitende und/oder abschließende Analyse und Reflexion des Handlungsvollzuges – im Rahmen einer helfenden Beziehung zum Klienten – dient das Verfahren der so genannten Selbstevaluation.[30]

Grundlage für die Aus- und Bewertung individueller Aktivitäten sind systematisch erhobene Informationen. Verlauf und Ergebnisse eigener Tätigkeiten werden schriftlich dokumentiert und anschließend kritisch hinterfragt.

In der Selbstevaluation werden positive wie negative Informationen ...

Hierbei soll keine Beschränkung auf problematische Situationen erfolgen. Vielmehr wird durch die Selbstevaluation das „Alltägliche" untersucht, mit der Absicht, sowohl positive als auch negative Aspekte zu veranschaulichen.

... über die eigene Tätigkeit schriftlich erfasst.

Durch Selbstevaluation wird

Ziele der Selbstevaluation

- eine Reduktion von Komplexität
- eine Erhöhung der Transparenz
- die Steigerung der Verfügbarkeit des eigenen Wissens
- das gezielte Lernen am Erfolg
- eine Erleichterung der Korrigierbarkeit bei Misserfolg
- die Förderung von Innovation und Flexibilität

angestrebt.

> **„Selbstevaluation ist nicht nur eine Form leistungsbezogener Selbstkontrolle. Sie kann auch entscheidend zur fachlichen Sicherheit und zur Vergewisserung der Sinnhaftigkeit des eigenen Tuns beitragen."**
>
> **(Heiner 1988, S. 9)**

---

[30] Die Ausführungen in diesem Gliederungspunkt erfolgen in Anlehnung an Heiner 1988, S. 7 ff. Im Rahmen dieses Bandes können die sehr komplexen Inhalte nur skizziert werden. Es wird auf entsprechende weiterführende Literatur in Kap. 7.2 verwiesen. In den dort genannten Quellen finden sich eine Reihe praktischer Fallbeispiele.

**Methodische
Grundbedingungen**

Methodisch gilt es, drei wichtige Ansatzpunkt zu beachten:

- Eine **Standardisierung der Informationsgewinnung** muss durch die einheitliche Art der Datensammlung mittels gleich bleibender Erhebungstechniken (z. B. Fragebögen, Checklisten etc.) gesichert werden.
- Die komplexe Wirklichkeit ist über eine **Konstruktion von Stichproben** zu begrenzen.
- Um nur die Faktoren zu untersuchen, die tatsächlich Einfluss auf das eigene Handeln in einer bestimmten Situation zeigen, ist eine **Konstruktion von Untersuchungsplänen** notwendig.

Selbstevaluation wird unter Berücksichtigung dieser Kriterien zu einem geplanten Prozess, welcher in mehrere aufeinander folgende Arbeitsschritte zerfällt:

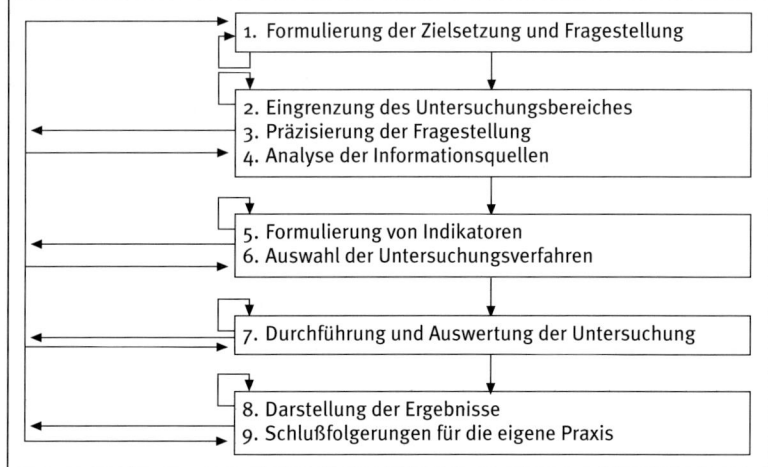

*Abb. 15: Arbeitsschritte einer Selbstevaluation
(Quelle:* Heiner *1988, S. 31)*

Das gezeigte Modell verdeutlicht den idealtypischen Verlauf einer komplexen, methodisch begründeten Eigenkontrolle. In der Praxis wird die Intensität einer Bearbeitung der Einzelschritte wesentlich von der Bedeutung und dem Umfang des zu untersuchenden Sachverhaltes geprägt.

Folgende grundsätzliche Themen sollten aber im Verlauf jeder fallbezogenen Selbstevaluation unbedingt geklärt werden (vgl. Lotmar/Tondeur 1994, S. 147 f.).

1. Wie sieht die Situation des Klienten heute aus, im Vergleich zum Beginn der Beratung, Betreuung, Hilfsmaßnahme?	**Checkliste zur fallbezogenen (Selbst-)Evaluation (KV I-30)**
2. Wo steht der Klient auf dem Weg zur Zielerreichung?	
3. Hat sich etwas verändert, kann sich noch mehr verändern?	
4. Welche Ziele konnten (bereits) erreicht werden?	
5. Soll die Beratung fortgeführt, ausgesetzt, abgeschlossen werden?	
6. Muss eventuell ein neues Ziel anvisiert, eine andere Methode oder Technik angewandt und/oder neue Mittel eingesetzt werden?	

4.8 Literaturempfehlungen

- HACKNEY, HAROLD / CORMIER, L. SHERYLIN: Beratungsstrategien, Beratungsziele, 2. Auflage, München 1982
- HEINER, MAJA (HRSG.): Selbstevaluation in der sozialen Arbeit – Fallbeispiele zur Dokumentation und Reflexion beruflichen Handelns, Freiburg im Breisgau 1988
- HEINER, MAJA / MEINHOLD, MARIANNE / VON SPIEGEL, HILTRUD / STAUB-BERNASCONI, SILVIA: Methodisches Handeln in der Sozialen Arbeit, Freiburg im Breisgau 1994
- WENDT, WOLF RAINER (HRSG.): Unterstützung fallweise – Case Management in der sozialen Arbeit, Freiburg im Breisgau 1991

Damit das Mögliche entsteht,
muß immer wieder das Unmögliche versucht werden.
HERMANN HESSE

5 Zielfindung für die Organisation

5.1 Von der Bedeutung des Zielfindungsprozesses

Zielbestimmung bildet die Grundlage für jedes geplante und erfolgreiche Handeln. Dies gilt – neben dem persönlichen Bereich und der Arbeit mit Klienten – natürlich auch im Rahmen der Organisation.

Gerade soziale Institutionen sehen sich häufig den Vorwürfen ausgesetzt, dass die Erfolge ihre Arbeit nicht gegeben oder zumindest nicht erkennbar seien. Zum einen mag das sicher daran liegen, dass die Aufgabenfelder und Problemstellungen auf diesem Gebiet vielschichtig und – vor allem für Außenstehende – schwer fassbar sind. Zum anderen verstärken undeutliche Zielformulierungen die mangelnde Bereitschaft, Ziele zu dokumentieren und offen zu legen sowie die Ziellosigkeit einzelner Einrichtungen derartige Eindrücke. **Unklare oder fehlende Zielformulierung ...**

Diffuse oder nicht gegebene Zielsetzungen können sich auf den gesamten Arbeitsablauf und Erfolg einer Organisation negativ auswirken. Durch eine fehlende Zielvorgabe ist Auswahl und Planung der zur Aufgabenerfüllung nötigen Methoden und Handlungsabläufe kaum möglich. **... erschwert eine effektive und ...**

Energie und Leistungsfähigkeit des Personals werden nicht oder nur unzureichend genutzt. Motivationsverlust und Unzufriedenheit am Arbeitsplatz sind keine Seltenheit, wenn der einzelne Mitarbeiter Gesamtzusammenhänge und die Tragweite seiner Tätigkeit nicht erfassen kann. Dadurch wird letztlich die an den Bedürfnissen des Klienten orientierte Hilfe und Förderung ungünstig beeinflusst. **... an den Bedürfnissen der Klienten orientierte Aufgabenerfüllung der Organisation.**

Abb. 16: Fehlende Organisationsziele

Eine differenzierte und transparente Zielformulierung wird demgegenüber die Weiterentwicklung einer Organisation begünstigen.

Mitarbeiter können im Sinne der Zielerreichung und entsprechend ihren Fähigkeiten effektiver eingesetzt werden. Das vorhandene Potenzial an Kreativität wird somit weitest gehend ausgeschöpft.

Klare Zielsetzungen ...

Klare
Organisations- Zielsetzung
Erfolg

Aufgaben-   reflektiertes,
erfüllung   methodisches
               Handeln

**... motivieren die
Mitarbeiter ...**

               gesteigerte
Motivation   Effektivität
und Engagement

Abb. 17: Organisationserfolg

Mitarbeiter, die sich über den Sinn ihrer Arbeit im Klaren sind, bewältigen in der Regel an sie gestellte Anforderungen engagierter und zufriedener.

Die berufliche Aufgabenerfüllung der Organisationsmitglieder gestaltet sich zumeist professioneller, wenn Ziele für die Organisation und den/die Klienten transparent und überprüfbar formuliert werden (vgl. PUCH 1994, S. 79 f.).

**... und erleichtern die
fallbezogene Arbeit mit
Klienten.**

Qualifiziertes, reflektiertes und methodisches Handeln wiederum verbessert die Chance, dass eine Zusammenarbeit mit den Adressaten der Sozialen Arbeit zu einem – für alle Beteiligten – zufrieden stellenden Ergebnis geführt werden kann.

**Knapper werdende
Mittel ...**

Einen zusätzlichen Stellenwert gewinnt der Zielfindungsprozess in sozialen Einrichtungen durch die zunehmende Verknappung der vorwiegend von staatlichen Kostenträgern zur Verfügung gestellten finanziellen Ressourcen sowie der damit verbundenen Verpflichtung, Kosten zu überprüfen und gegebenenfalls zu reduzieren.

**... beschränken die
Handlungsfähigkeit der
Organisationsmitglieder.**

Aufgrund der veränderten finanziellen Rahmenbedingungen müssen sich Mitarbeiter von Non-Profit-Organisationen in verstärktem Maße überlegen, wie sie den vielfältigen Aufgaben auch mit zum Teil verringerten sachlichen und personellen Mitteln nachkommen können und welche Tätigkeiten zur Durchführung dieser Aufgaben unbedingt erforderlich sind und welche eher nicht (vgl. GEHRMANN/MÜLLER 1993, S. 97).

**Ziele bieten
Orientierungshilfen für
das Handeln.**

Klare Zielsetzungen bieten den Organisationsmitgliedern hier eine handlungsleitende Orientierungshilfe (vgl. PUCH 1994, S. 45) und erleichtern zudem eine Bewertung von Qualität und Effizienz der geleisteten Arbeit.[31]

---

[31] Dem Zielfindungsprozess in sozialen Einrichtungen kommt somit auch eine besondere Bedeutung bei der Entwicklung, Einführung und Durchführung eines effizienten Qualitätsmanagement zu (vgl. Kap. 5.7.3).

5.2 Soziale Arbeit in organisatorischen Bezügen

5.2.1 Überlegungen zum Begriff der Organisation

Vor dem eigentlichen Zielfindungsprozess ist es zum besseren Verständnis empfehlenswert, **Organisation** inhaltlich kurz abzugrenzen (vgl. MÜLLER-SCHÖLL/PRIEPKE 1992, S. 75 ff.).[32]

Die Bezeichnung *Organisation* wird mit zwei Bedeutungen verwendet. Im **institutionellen** Sinne wird Organisation als zielorientiertes „*Soziales Gebilde* verstanden, also als Oberbegriff für Institutionen wie Träger der Sozialarbeit, für eingetragene Vereine, Werke, Verbände, Heime, Anstalten, Beratungsstellen, Verwaltungen, Schulen, Gefängnisse, politische Verwaltungen, Kirchen u. a." (MÜLLER-SCHÖLL/PRIEPKE 1992, S. 76).

Institutioneller Organisationsbegriff

Unter dem **instrumentellen** Organisationsbegriff versteht man „die *Gesamtheit* der auf die Erreichung von Zielen und Zwecken gerichteten *Maßnahmen* ..., durch die

Instrumenteller Organisationsbegriff

- ein soziales System strukturiert wird und
- die Aktivitäten der zum System gehörenden Menschen, der Einsatz von Mitteln und die Verarbeitung von Informationen geordnet werden" (MÜLLER-SCHÖLL/PRIEPKE 1992, S. 76).

> **Organisationen sind zielorientierte soziale Gebilde.**
>
> **Organisationen regeln das Miteinander ihrer Mitglieder.**
>
> **Organisationen unterliegen einer Dynamik.**
>
> **Organisationen stehen in regem Austausch mit ihrer sozialen Umwelt.**
>
> **Organisationen unterliegen einer Stabilität, die auf relative Dauer angelegt ist.**
>
> **(vgl. PUCH 1994, S. 44 ff.)**

Institutionelle Organisationen lassen sich anhand einiger Gemeinsamkeiten typisieren, obwohl sie im konkreten Einzelfall verschiedenartig aufgebaut und strukturiert sind (vgl. MÜLLER-SCHÖLL/PRIEPKE 1992, S. 76 f.):

Gemeinsame Merkmale von Organisationen

- Organisationen haben genau bestimmbare Mitglieder, welche in Beziehungen von Über- und Unterordnung unterschiedlichste Aufgaben wahrnehmen.
- Organisationen sind auf die Erreichung von (genau) festgelegten Zielen ausgerichtet.

---

[32] Detaillierte Ausführungen zum Themenkomplex Organisation finden Sie in **Band III** der **Reihe Sozialmanagement:** Management der Organisationsstrukturen.

- Um die gesetzten Ziele zu verwirklichen, sind Organisationen rational aufgebaut.
- Organisationen arbeiten zur Zielerreichung möglichst ökonomisch.
- Organisationen sind von einer bestimmten Umgebung, in der sie tätig sind, abhängig.
- Die Mindestgröße einer Organisation ist nicht festgelegt. Je größer und komplexer die Organisation ist, desto wichtiger werden Normen und Strukturen, welche die Zusammenarbeit der Organisationsmitglieder regeln.

5.2.2 Organisatorische Strukturen und Prozesse

Organisationen benötigen ein System geordneter Regeln.

Organisationen – als rational gestaltete, zielgerichtete soziale Systeme – bedürfen einer Reihe verbindlicher Richtlinien und Ordnungsprinzipien, um das Handeln und Verhalten der Mitarbeiter auf eine Realisierung der Organisationsziele hin zu steuern (vgl. LOTMAR/TONDEUR 1994, S. 150).

Die Gesamtheit der organisatorischen Regelungen beinhaltet zwei generelle Dimensionen (vgl. BASSARAK/WÜBBEKE, in: BASSARAK 1997, S. 256):

Aufbauorganisation

- Zum einen muss geklärt werden, welche Organisationseinheiten mit welchen Funktionen und Teilaufgaben an der Erfüllung bestimmter Ziele und Aufgaben mitwirken. So wird eine spezifische Struktur der Organisation, die so genannte **Aufbauorganisation,** gebildet.

Ablauforganisation

- Zum anderen gilt es zu bestimmen, welche Tätigkeiten in welcher Form, Reihenfolge, Dauer und Intensität sowie in welchem Zusammenwirken mit anderen Handlungen erfolgen. Alle derartigen Prozesse werden in der jeweiligen **Ablauforganisation** zusammengefasst.

> **„Organisationen sind stets beides: Struktur und Prozeß. Struktur meint die Zuordnung der Elemente einer Organisation zueinander. Sie ist Bezugspunkt und Grundlage für Abläufe innerhalb der Organisation und zwischen ihr und anderen Organisationen. Prozesse verändern und schaffen Strukturen, Strukturen setzen Rahmenbedingungen für Prozesse."**
>
> **(ENGELHARDT 1995, S. 37)**

Aufbaustrukturen und Ablaufprozesse im Vergleich

Die Aufbauorganisation ordnet und regelt die Elemente, aus denen die Organisation aufgebaut ist, d.h. Zuordnungen werden differenziert und Arbeit, Stellen, Kompetenzen oder Gehälter **verteilt** (vgl. LOTMAR/TONDEUR 1994, S. 151 f.).

Über die Ablauforganisation werden verschiedene Aktivitäten zeitlich und räumlich **verbunden,** ablaufende Prozesse zwischen Personen koordiniert und fachgerechte Methoden und Verfahren entwickelt (vgl. LOTMAR/TONDEUR 1994, S. 151 f.).

Aufbaustrukturen:	Ablaufprozesse:
■ Was ist zu tun? (Stellenbeschreibung)	■ Wie kommunizieren wir miteinander? (Informationswege)
■ Was wird wie belohnt? (Entlohnungssystem)	■ Wie setzen wir Betriebsmittel ein? (Geld- und Zeitbudgets)
■ Wer entscheidet worüber? (Kompetenzordnung)	■ Wie entscheiden wir? (Entscheidungsregeln)
■ Wer muss was können? (Anforderungsprofile)	■ Wie tragen wir Konflikte aus? (Konfliktlösungsregeln)
■ Wer arbeitet mit wem zusammen und in welcher Funktion? (Aufgabenbündelung)	■ Wie stellen wir Mitarbeiter ein? (Anstellungsabläufe)

Beispielhafte Fragestellungen

> **„Ohne Regeln für das Teilen und Ordnen entsteht ein Zustand der Willkür und der Unsicherheit.**
>
> **Ohne Regeln für das Verbinden lauert die Gefahr starrer Routine oder das Auseinanderfallen der Organisation."**
>
> **(Lotmar/Tondeur 1994, S. 152)**

5.2.3 Formelle Regelsysteme und informelle Verhaltensweisen

Organisatorische Strukturen und Prozesse sind – wie gezeigt – zunächst vor allem Instrumente zur Steuerung der Handlungsweise von Organisationsmitgliedern, sie dienen gleichermaßen aber auch der Leistungs- bzw. Effizienzsicherung (vgl. Kieser/Kubicek 1992, S. 10 und 16 f.).

Um eine zielbezogene Berechenbarkeit und Konformität des Verhaltens zu bewirken, werden Aufbau- und Ablauforganisation noch überwiegend so konzipiert, dass sie in erster Linie einen stark normativen Charakter besitzen (vgl. Engelhardt 1995, S. 23).

Formelles, normatives Regelsystem ...

Das formelle Regelsystem der Organisation beinhaltet (vgl. Engelhardt 1995, S. 23)
- Werte und Ziele, die den Angehörigen der Organisation mehr oder minder auferlegt werden,
- allgemeine Verhaltensregeln, die für mehr oder weniger alle Beteiligten/Betroffenen gelten,
- aufgabenbezogene Verhaltensnormen, d.h. Rollenerwartungen an einzelne Mitarbeiter,
- Regelungen für die Beziehung zwischen den Inhabern von Rollen/Arbeitsaufgaben, d.h. Über- und Unterordnungsverhältnisse.

> „Formale Regeln ... sind zwar prinzipiell zur Erzielung von Effizienz erforderlich, es ist aber schwer zu entscheiden, wieviel Arbeitsteilung und wie viele, die Handlungsfreiheit der einzelnen Organisationsmitglieder einengenden Kompetenzregelungen und Verfahrensrichtlinien erforderlich sind, um Effizienz zu gewährleisten."
>
> (KIESER/KUBICEK 1992, S. 18f.)

... versus informelle Verhaltensweisen

Neben den formell festgelegten Regeln gibt es in jeder Einrichtung informelle Traditionen, Gebräuche und Selbstverständlichkeiten, welche das Verhalten der Mitarbeiter stark beeinflussen (vgl. LOTMAR/TONDEUR 1994, S. 151).

Aufgrund persönlicher Kontakte der Organisationsmitglieder entwickelt sich so ein eigenständiges, netzartiges soziales Gefüge, das die tatsächlich gelebten Normen und Verhaltensweisen reflektiert (vgl. ENGELHARDT 1995, S. 23).

Verbesserung mangelhafter formeller Regelsysteme durch informelle Strukturen und Prozesse

Informelle organisatorische Strukturen und Prozesse können zu normativ geregelten Bestimmungen in Widerspruch stehen, also die formelle Organisation unterlaufen oder sogar außer Kraft setzen. In vielen Fällen sind soziale Unternehmen oder Institutionen aber auch nur deshalb funktionstüchtig, weil informelle Beziehungen und Verhaltensmuster bestehen, welche formelle Lücken und/oder Fehlregelungen kompensieren und ergänzen (vgl. SCHWARZ 1996, S. 55).

> Informelle Verhaltensweisen weisen auf vermeidbare, d.h. besserungsfähige und prinzipielle, d.h. kaum behebbare Mängel des formellen Regelsystems hin.
>
> (vgl. ENGELHARDT 1995, S. 23)

Organisation als Rahmenbedingung für Soziale Arbeit ...

Organisationen stellen für die Soziale Arbeit eine der zentralen Rahmenbedingungen dar. Durch das Vorhandensein formeller Regelsysteme **und** informeller Verhaltensweisen wird das berufliche Handeln in dialektischer Weise beeinflusst.

... kann die Mitarbeiter in ihrer Berufsausübung ...

Während normative Vorgaben oder Aufgabenstellungen den professionellen Helfer in seiner Tätigkeit (vor allem mit den Klienten) eher reglementieren und beschränken, bieten informelle Handlungs- und Interpretationsspielräume oftmals kreative Entfaltungsmöglichkeiten.

... gleichermaßen fördern oder hemmen.

Allzu viel Entscheidungsfreiheit sowie ein Mangel an klar abgegrenzten Kompetenzen und Funktionen können den Mitarbeiter allerdings auch verunsichern. Eine transparente formelle Ordnung der Strukturen und Prozesse kann hier dem Einzelnen zu notwendiger Verhaltenssicherheit verhelfen und somit entlastend wirken.

5.2.4 Einflussfaktoren auf das Zielsystem der Organisation

Soziale Organisationen stehen immer mit einem sie umgebenden und rele-vanten Ausschnitt der Umwelt in Austauschbeziehungen. Ressourcen in Form von Informationen und/oder Materialien werden aus der Umwelt aufgenommen, weiterverarbeitet und als Produkt oder Dienstleistung an einen betreffenden Personenkreis (z.B. Klienten) weitergegeben (vgl. ENGELHARDT 1995, S. 28).

Beziehung Organisation und Umwelt

Infolge eines permanenten Wandels der Gesellschaft verlieren die sozia-len Organisationen zunehmend den „staatlichen Schutzbereich" und sind gezwungen, sich nach marktwirtschaftlichen Prinzipien konkurrierenden Anbietern für ihre Leistungsangebote zu stellen. Das bedeutet vor allem, dass Ziele und Visionen der Organisation ständig überprüft, gegebenen-falls angepasst und/oder neu formuliert werden müssen (vgl. DECKER 1997, S. 50).

Non-Profit-Organisationen stehen dabei in einem besonderen Span-nungsfeld zwischen den dynamischen externen Anforderungen des Mark-tes, der Umwelt, der Gesellschaft, der Klienten usw. und dem internen Druck, Kosten zu senken, effizient zu arbeiten, Qualitätsstandards ein-zuhalten, zeitgemäß und mitarbeiterorientiert zu führen etc. (vgl. DECKER 1997, S. 50).

Interne und externe Einflüsse

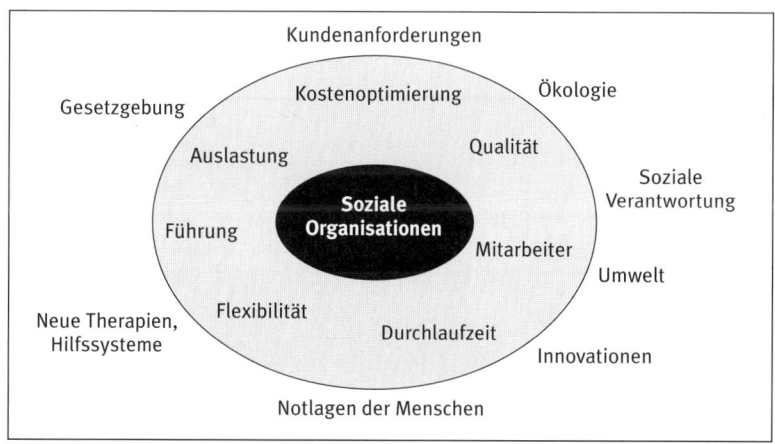

Abb. 18: Interne und externe Einflussfaktoren
(Quelle: DECKER 1997, S. 50)

Um auf alle internen und externen Einflussfaktoren bzw. Rahmenbedin-gungen angemessen reagieren zu können, benötigen Organisationen ein widerspruchsfreies Zielsystem, das, ausgehend von einem Leitbild, die Grundsatz-, Rahmen- und Ergebnisziele zusammenfasst.

Zielsystem

> „Als Organisationsziel soll das gelten, was tatsächlich als Leitbild der Entscheidungen dient, die das Geschehen, die Tätigkeiten und die Prozesse in der Organisation auf einen spezifischen Zweck orientieren."
>
> (Mayntz 1974, S. 58)

Die wesentliche Gestaltungsaufgabe bei der Entwicklung von Organisationszielen besteht darin, Mensch, Dienstleistungsprodukt, organisatorische Prozesse und Strukturen sowie vorhandenen Technologien (d. h. auch neue Methoden und Techniken der Sozialen Arbeit) richtig zu kombinieren (vgl. Decker 1997, S. 51).

5.3 Ablaufmodell der Zielfindung für die Organisation

Ziele bieten Orientierungshilfen.

Ziele stellen einen zentralen Bezugspunkt von oder in Organisationen dar. So ist es für jede soziale Institution von besonderem Interesse

- auf welche Weise Ziele bestimmt werden,
- welche Personen bzw. Personengruppen an diesem Zielfindungsprozess beteiligt sind,
- in welchem Ausmaß die festgelegten Ziele von den Organisationsmitgliedern übernommen, geteilt und realisiert werden,
- wie sich Unterschiede von Organisationszielen und persönlichen Zielen auf das Arbeitsergebnis, die Mitarbeiter und die Atmosphäre (Arbeitsklima) im Unternehmen auswirken (vgl. Engelhardt 1995, S. 25).[33]

Zielfindung durch Partizipation und kreative Teamarbeit

Organisationsziele können, unter dem Gesichtspunkt der Partizipation, nicht von Führungskräften autoritär vorgegeben werden. Der Zielfindungsprozess erfordert die Bereitschaft zu kreativer Teamarbeit. Es ist äußerst wichtig, „daß die Organisationsziele gemeinsam, unter Mitbeteiligung aller Mitarbeiter, entwickelt werden, daß bei der Formulierung der Organisationsziele der größtmögliche gemeinsame Nenner gefunden wird" (Müller-Schöll/Priepke 1992, S. 47).

Der Zielfindungsprozess für Organisationen stützt sich im Wesentlichen auf Erkenntnisse aus persönlicher Zielfindung und Zielbestimmung für den Klienten. Reihenfolge und Inhalte der einzelnen Arbeitsschritte variieren geringfügig.[34]

---

[33] Vgl. hierzu auch Kap. 5.7.

[34] Das beschriebene Zielfindungsverfahren ist methodisch sehr differenziert gegliedert. Es stellt sich in der Praxis als äußerst zeitintensiv, aber auch entsprechend effektiv dar. Eine Modifikation und Vereinfachung ist je nach Bedarf jederzeit möglich (vgl. Kap. 3 und Kap. 4).

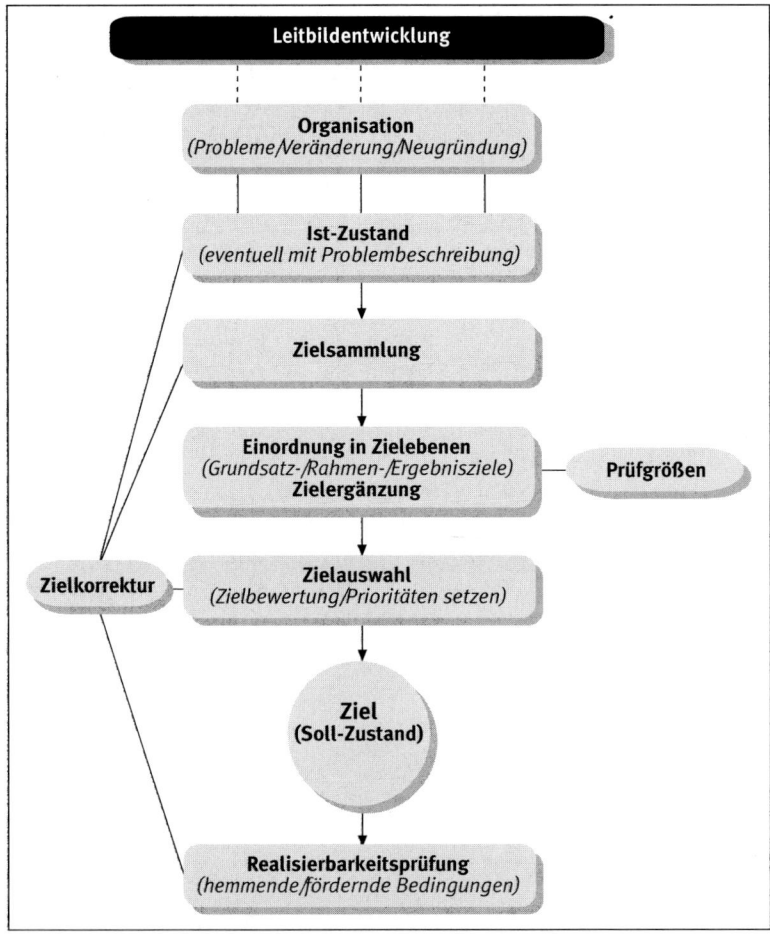

Abb. 19: *Ablaufmodell der Zielfindung für die Organisation*

Leitbilder definieren Visionen für die Orientierung einer sozialen Einrichtung und stellen somit eine treibende Kraft für die zukünftige Organisationsentwicklung dar (vgl. DEUTSCHER VEREIN FÜR ÖFFENTLICHE UND PRIVATE FÜRSORGE 1997, S. 615).

Die Entwicklung eines organisatorischen Zielsystems (bestehend aus Grundsatz-, Rahmen- und Ergebniszielen) sollte auf die Inhalte eines Unternehmensleitbildes Bezug nehmen und dort getroffene Aussagen weiter differenzieren und operationalisieren.

Leitbild als Ausgangspunkt ...

Die Notwendigkeit, ein umfassendes Zielbestimmungsverfahren durchzuführen, lässt sich auf verschiedene Sachlagen zurückführen. So können Schwierigkeiten in der Institution auftreten und/oder Veränderungen anstehen, weil auf neue Rahmenbedingungen, wie z. B. gesetzliche Regelungen, reagiert werden soll. Die Neugründung einer sozialen Organisation muss zwangsläufig einen vorgeschalteten Zielfindungsprozess auslösen.

... für die einzelnen Arbeitsschritte ...

Eine Analyse des Ist-Zustandes ist demnach eng mit der Aufgabe verknüpft, formelle wie auch informelle organisatorische Aufbaustrukturen und Ablaufprozesse zu ermitteln.

... bei der Entwicklung eines Zielsystems

Nach der Zielsammlung und Einordnung in die Zielhierarchie (die Zielpyramide) folgt bereits eine erste Zielbewertung und Zielauswahl (vgl. Kap. 5.6.2). Verbleibende Ziele sind schließlich eingehend auf Realisierbarkeit hin zu überprüfen (vgl. Kap. 5.6.3).

Ziele dienen

- der Rechtfertigung von Handlungen gegenüber Dritten,
- der Information von Organisationsmitgliedern und Nichtmitgliedern über den Zweck der Organisation,
- der Handlungsanleitung und Motivation.

Ziele sind der Maßstab der Leistungsbeurteilung.

(vgl. PORTER/LAWLER/HACKMAN 1975, in: STAEHLE 1991, S. 405)

5.4 Leitbild der Organisation

5.4.1 Funktionen und Zielsetzungen von Leitbildern

Leitbilder benennen Visionen.

In Leitbildern sollen keine wirklichkeitsfremden Utopien oder Ideale verbalisiert werden, sondern vielmehr die bestimmenden Leitvorstellungen (Visionen) für die Zukunft einer sozialen Organisation. Zwischen Angst und Hoffnung, zwischen Risiken und Chancen, werden diesbezüglich alle relevanten Aspekte für die weitere Entwicklung des Unternehmens gegenübergestellt und das, was pragmatisch erreichbar sein kann, thematisiert (vgl. JÄGER, in: BOSKAMP/ KNAPP 1996, S. 59).

Der Entwurf von Leitbildern wird von den Trägern und Verbänden der Sozialen Arbeit, aber auch von einzelnen Non-Profit-Organisationen zunehmend als wichtige Aufgabe angesehen. Allerdings bleibt es allzu häufig dabei, dass Leitbilder *lediglich* zu einer öffentlichkeitswirksamen Darstellung der Institution bzw. der Einrichtung genutzt werden (vgl. SCHWARZ, in: DEUTSCHER CARITASVERBAND 1994, S. 42).

Leitbilder sollten darüber hinaus aber vielmehr die **Funktion** erfüllen,

Funktionen des Leitbildes

nach innen

- für die Mitglieder der Organisation eine Orientierungs-, Identifikations- und Handlungshilfe zu bieten,
- den Koordinations-, Kooperations-, Führungs- und Steuerungsbedarf zu reduzieren,
- ein weit gehend selbstbestimmtes berufliches Handeln zu ermöglichen.

nach außen

- die Organisation für Rat und Hilfe Suchende als in sich stimmiges, geschlossenes und zugleich offenes System zu präsentieren,
- das Auftreten von Repräsentanten der Organisation glaubwürdig und überzeugend zu gestalten,
- die Aufgaben und Leistungen der Einrichtung für die Klienten nachhaltig zu verdeutlichen (vgl. BASSARAK/WÜBBEKE, in: BASSARAK 1997, S. 212 f.).

Unter Berücksichtigung der gegebenen Stärken und Schwächen einer Organisation sowie der sie umgebenden Rahmenbedingungen werden im Leitbild deshalb schlaglicht- bzw. stichwortartig

Definition: Leitbild

- die grundlegenden Visionen und Zielsetzungen,
- die sinnstiftenden Werte und Ziele der Unternehmenskultur,
- die Struktur- und Handlungsmaximen für das berufliche Handeln und
- die grundsätzliche Richtung für die Organisationsentwicklung

zusammengefasst (vgl. BISANI 1995, S. 577 und BASSARAK/WÜBBEKE, in: BASSARAK 1997, S. 232).

Leitbilder sind – wörtlich genommen – Bilder und Vorstellungen, die uns in unserer Tätigkeit und unserem Verhalten leiten, die uns als „Richtgrößen" vorschweben, und die wir zu erreichen, zu verwirklichen suchen.

(vgl. SCHWARZ, in: DEUTSCHER CARITASVERBAND 1994, S. 42)

Mit der Formulierung eines Leitbildes werden in der Organisation eine Reihe prinzipieller Zielsetzungen verknüpft. Das Leitbild sozialer Unternehmen bzw. Betriebe sollte

Ziele des Leitbildes

- „sich **an den Bedürfnissen, Interessen und Wünschen potentiell Betroffener** und **tatsächlich Rat- und Hilfesuchender orientieren** und eine bessere Betreuung dieser Gruppe zum Ziel haben und nachdrücklich verfolgen" (BASSARAK/WÜBBEKE, in: BASSARAK 1997, S. 232);

Bedürfnisorientierte Betreuung der Zielgruppe

- zu einer **flacheren Organisationshierarchie** und zu einer **Optimierung der Arbeitsabläufe** beitragen, wobei nicht zuletzt die Interessen der Mitarbeiter und der betroffenen Bevölkerungsgruppen berücksichtigt werden müssen (vgl. BASSARAK/WÜBBEKE, in: BASSARAK 1997, S. 232);

Optimierung organisatorischer Strukturen ...

... und Prozesse

- Zustände und Entwicklungen innerhalb einer Organisation durchschaubarer machen und Hilfe bei der **Vereinfachung und Verbesserung der Verfahrenswege** bieten (vgl. BASSARAK/WÜBBEKE, in: BASSARAK 1997, S. 232);[35]

Zielgerichtete Führung

- das **zielgerichtete Führen** der Mitarbeiter unterstützen (vgl. LOTMAR/TONDEUR 1994, S. 226).[36]

> **Zentrales Ziel eines Leitbildes ist die Erreichung einer unverwechselbaren Identität sowie eines hohen Erinnerungswertes mit so weit wie möglich positiv besetztem Imagewert für den Träger Sozialer Arbeit.**
>
> **(vgl. BASSARAK/WÜBBEKE, in: BASSARAK 1997, S. 213)**

5.4.2 Leitbildentwicklung

Leitbildentwicklung als basisdemokratischer Prozess

Nachdem Leitbilder nur dann einen Sinn haben, wenn sie von allen Betroffenen als verbindlich anerkannt und dementsprechend auch in das eigene Handeln einbezogen werden, ist die Erarbeitung eines konkreten Leitbildes als langfristiges Projekt zu gestalten, das auf basisdemokratischen (partizipativen) Willensbildungsprozessen aufbauen muss (vgl. SCHWARZ, in: DEUTSCHER CARITASVERBAND 1994, S. 43 und S. 46).

> **„Alle Mitarbeiter tragen in sich Leitvorstellungen über die Organisation und ihr eigenes Tun.**
>
> **Arbeit am Leitbild ist der Prozeß, durch den diese individuellen Werte und Ziele verdeutlicht, miteinander verglichen und zu einer gemeinsamen Ausrichtung verdichtet werden."**
>
> **(LOTMAR/TONDEUR 1994, S. 227)**

Bildung von repräsentativen Arbeitsgruppen

Das Verfahren der Leitbildentwicklung sollte „von oben", d.h. von den Führungskräften der Organisation eingeleitet und verantwortet werden. Es empfiehlt sich, themenzentrierte Arbeits- bzw. Projektgruppen zu bilden, die Entwürfe sammeln, diskutieren, auswerten und gewichten. Diese Teams sind – sofern es nicht möglich ist *alle* Mitarbeiter zu beteiligen – zumindest repräsentativ für die Struktur der Belegschaft zu besetzen (vgl. DEUTSCHER VEREIN FÜR ÖFFENTLICHE UND PRIVATE FÜRSORGE 1997, S. 615).

---

[35] Hinweise zur Optimierung der Organisation finden Sie in **Band III** der **Reihe Sozialmanagement**.

[36] Vgl. hierzu **Band IV** der **Reihe Sozialmanagement**: Personalmanagement.

> „Die Neuformulierung eines Unternehmensleitbildes ist regelmäßig mit Erwartungen und Hoffnungen, oft aber auch mit Verunsicherungen und Ängsten bei den Führungskräften und ihren Mitarbeitern verbunden."
>
> (Kiessling/Spannagl 1996, S. 66)

Vorrangige Aufgabe bei der Leitbildentwicklung ist eine transparente Bestandsaufnahme, die insbesondere die aufbau- und ablauforganisatorischen Rahmenbedingungen sowie eventuelle Mängel der aktuellen Situation/der gegenwärtigen Verhältnisse aufzeigt (vgl. Bassarak/Wübbeke, in: Bassarak 1997, S. 234).[37]

Basierend auf den Erkenntnissen der Analyse des Ist-Zustandes müssen einfache, systematische und anregende bzw. motivierende Antworten zu folgenden Fragestellungen gefunden werden (vgl. Bassarak/Wübbeke, in: Bassarak 1997, S. 215 f.; Deutscher Verein für öffentliche und private Fürsorge 1997, S. 615; Kiessling/Spannagl 1996, S. 65; Graf 1996, S. 45):[38]

Bestandsaufnahme,

---

[37] Ohne eine detaillierte Kenntnis der Organisationsstrukturen ist es nur schwer möglich, sinnvolle Leitbilder oder Ziele für einen erwünschten Wandel zu formulieren. Prozesse und Strukturen sozialer Einrichtungen verändern sich andererseits auch ständig durch die Umsetzung von Visionen. Zur Analyse der Organisation siehe im Detail **Band III** der **Reihe Sozialmanagement:** Management der Organisationsstrukturen.

[38] Bei der Abfassung eines Leitbildes sollten die sogenannten KISS–Regeln („Keep It Simple, Systematic and Stimulating") eingehalten, d.h. einfache, leichtverständliche, systematisch aufeinander bezogene und stimulierende, motivierende Aussagen getroffen werden (vgl. Bassarak/Wübbeke, in: Bassarak 1997, S. 215).

Fragenkatalog zur Leitbildentwicklung (KV I-31)

Wer sind wir?

1. Welche Aufgaben, welche konkreten Aufträge übernimmt die Organisation?
2. Was ist der Zweck der Organisation?
3. Welche Ziele werden in der Einrichtung verfolgt?
4. Was sind die religiösen, weltanschaulichen bzw. politischen Hintergründe der Organisation?

Woher kommen wir?

5. Welche Geschichte, welche historische Entwicklung hat die Organisation durchlaufen?
6. Welche der für die Organisation geltenden ethischen Werte, Normen und Einstellungen resultieren aus Traditionen?

Wo arbeiten wir?

7. In welches gesellschaftliche Umfeld ist die Organisation eingebunden?
8. Welche Einstellungen, Vorstellungen, Meinungen oder Vorurteile werden im Umfeld mit der Arbeit der Institution (positiv wie negativ) verbunden?
9. Wie präsentieren wir die Angebote/Leistungen der eigenen Einrichtung in der Öffentlichkeit?

Wie arbeiten wir?

10. An welche Einstellungen und Normen (ethische Fundierung) ist das berufliche Handeln gebunden?
11. Welche (Unternehmens-)Grundsätze stehen im Mittelpunkt der beruflichen Aktivitäten?

Wie sind wir organisiert?

12. Welchen Aufbau hat die Organisation?
13. Welche Abläufe sind von Bedeutung?

Wie gehen wir miteinander um?

14. Wie ist die Zusammenarbeit geregelt?
15. Wie verläuft die Kommunikation?
16. Wie sind Führungsbeziehungen bzw. das Führungsverhalten generell geregelt?
17. Wie werden Konflikte gelöst?

Wie gehen wir mit unseren Klienten um?

18. Welchen Personen/Personengruppen widmet sich die Organisation?
19. Welchen Anliegen/Bedürfnissen/Interessen will die Einrichtung durch ihre Arbeit entsprechen?
20. Welche Prinzipien (berufsethische Grundlegungen) leiten uns im Umgang mit Rat und Hilfe Suchenden?

Verbreitung des Leitbildes

Die Ergebnisse dieser Reflexion müssen zusammengefasst und in der Organisation über alle zur Verfügung stehenden Kommunikationswege (Broschüren, Informationswand, Workshops, Besprechungen usw.) verbreitet werden, mit dem Ziel, aus betroffenen, beteiligte Mitarbeiter zu machen (vgl. KIESSLING/SPANNAGL 1996, S. 67).

Entwickelte Organisationsleitbilder sind in regelmäßigen Zeitabschnitten, mindestens aber einmal pro Jahr, zu überprüfen. Besonders wichtig ist hier die kritische Auseinandersetzung mit den Spannungsfeldern zwischen Vision und Wirklichkeit.

Kontrolle des Leitbildes

Es gilt zu überwachen, ob die ausgesprochenen Werte und Handlungsmaximen sich bewährt haben, noch glaubwürdig sind, und es gilt zu kontrollieren, wo sich eventuell Widersprüche zeigen. Somit kann der Prozess der Leitbildentwicklung niemals als endgültig abgeschlossen betrachtet werden (vgl. LOTMAR/TONDEUR 1994, S. 227 f.).[39]

5.5 Situationsanalyse und Problembeschreibung

In Leitbildern werden eher grundlegende Verpflichtungen und Ansprüche an die professionelle Arbeit formuliert. Daraus abgeleitet werden im Zielsystem der Organisation sukzessive konkrete Handlungsanleitungen entwickelt.

Am Beginn jedes Zielfindungsverfahrens steht die Ermittlung des **Ist-Zustandes**, egal, ob eine Neugründung und Neuordnung einer Einrichtung geplant ist, oder eine Problemsituation innerhalb einer bestehenden Institution die Zielbestimmung erforderlich macht. Es kommt darauf an, genau zu dokumentieren, wie die Einrichtung aufgebaut ist, welchen Entwicklungsstand sie erreicht hat, und welche Rahmenbedingungen vorliegen.[40]

Ermittlung des Ist-Zustandes

Je nach Größe der Organisation kann diese Analyse sehr umfangreich ausfallen und von den beteiligten Personen eine Vielzahl theoretischer Vorkenntnisse über Aufbau- und Ablaufstrukturen in Unternehmen und Institutionen verlangen.

Organisationsanalyse

Die transparente Darstellung organisatorischer Zusammenhänge muss sowohl formelle Strukturen und Prozesse wie auch informelle Abweichungen sowie Schwachstellen im System erfassen.[41] Als die wichtigsten Hilfsmittel für eine Organisationsanalyse seien dabei Aufgabengliederungsplan, Organigramm, Funktionendiagramm, Ablaufdiagramm, Kommunikationsplan und Stellenbeschreibung genannt.[42]

Hilfsmittel zur Analyse

---

[39] Vgl. hierzu Kap. 5.7.2.

[40] Die Rahmenbedingungen (rechtliche Grundlagen, Finanzierung der Organisation, Kompetenz der Mitarbeiter etc.) unterliegen einem ständigen Wandel und sind oftmals nur sehr schwer greifbar.

[41] Vgl. hierzu auch die beispielhaften Fragestellungen in Kap. 5.2.2.

[42] Das komplexe Themengebiet der Organisationsanalyse kann an dieser Stelle nicht umfassend behandelt werden, sondern wird sehr intensiv und differenziert in **Band III** der **Reihe Sozialmanagement** abgehandelt. Dort finden sich auch detaillierte Erläuterungen zum praktischen Einsatz der hier nur kurz erwähnten Hilfsmittel.

Liegt eine Problemsituation im Bereich der Organisation vor, so ist die Situationsanalyse durch eine genaue Problembeschreibung zu ergänzen, wie dies bereits aus dem Zielfindungsverfahren für den Klienten bekannt ist (siehe Kap. 4).[43]

Problembeschreibung aus verschiedenen Sichtweisen

Die schriftliche Problembeschreibung beinhaltet Verhaltensweisen, Zustände und Fakten, welche sich für die Organisation als negativ und veränderungswürdig herauskristallisieren. Verschiedene Sichtweisen der Mitarbeiter sind zu berücksichtigen.

Problembeschreibung (KV I-32)

Probleme aus der Sicht der Führungskraft:	Probleme aus der Sicht der Leitungskraft:	Probleme aus der Sicht des Mitarbeiters ...:
- - - - - - - - - - - - - -		- - - - - - - - - - - - - -
		- - - - - - - - - - - - - -
- - - - - - - - - - - - - -		**Probleme aus der Sicht des Mitarbeiters ...:**
		- - - - - - - - - - - - - -
- - - - - - - - - - - - - -		- - - - - - - - - - - - - -
		- - - - - - - - - - - - - -
		Probleme aus der Sicht des Mitarbeiters ...:
- - - - - - - - - - - - - -		- - - - - - - - - - - - - -
		- - - - - - - - - - - - - -
- - - - - - - - - - - - - -		- - - - - - - - - - - - - -

5.6 Zielformulierung

5.6.1 Zielsammlung

Aus den Ergebnissen einer Situationsanalyse und Problembeschreibung wird auf den zukünftigen, erwünschten **Soll-Zustand,** also auf die Ziele für die Organisation, geschlossen.

Die Ziele der Organisation sollten in einem Prozess kreativer Teamarbeit entworfen werden. Eine Zielsammlung ist zunächst wieder ohne Rück-

---

[43] Siehe auch Kap. 6.

sicht auf spätere Realisierbarkeit anzulegen. Erste Ideen können über die Beschäftigung mit einer (oder auch mehrerer) der folgenden Zielfragen zusammengetragen werden. Die Ideensammlung sollte regelmäßig wiederholt und überprüft werden.

Zielfragen (KV I-33)

1. Welche Aufgaben muss/soll die Organisation erfüllen?
2. Wem soll die Organisation Nutzen bringen?
3. Was wollen wir mit der Arbeit in der Organisation erreichen?
4. Wie soll sich die Organisation in Zukunft entwickeln?

Zielsammlung

Aus den ersten Entwürfen für Organisationsziele müssen nun unter Berücksichtigung der Zielkriterien klare Ziele artikuliert und schriftlich fixiert werden.

Ziele sind auf die Zukunft gerichtet.

Ziele sind der angestrebte positive Endzustand.

Ziele müssen in einem realistischen und überschaubaren Zeitraum erreichbar sein.

Ziele müssen handlungsrelevant sein.

Zielebenen

Die ausgearbeiteten Ziele werden in Grundsatz-, Rahmen-, und Ergebnisziele geordnet und in die Zielpyramide übertragen. Gegebenenfalls ist zur Komplettierung des Zielkatalogs eine **Zielergänzung** nötig, falls bislang für Grundsatz- oder Rahmenziele keine Ergebnisziele aufgestellt wurden oder für Ergebnisziele spezifische Rahmenziele fehlen.

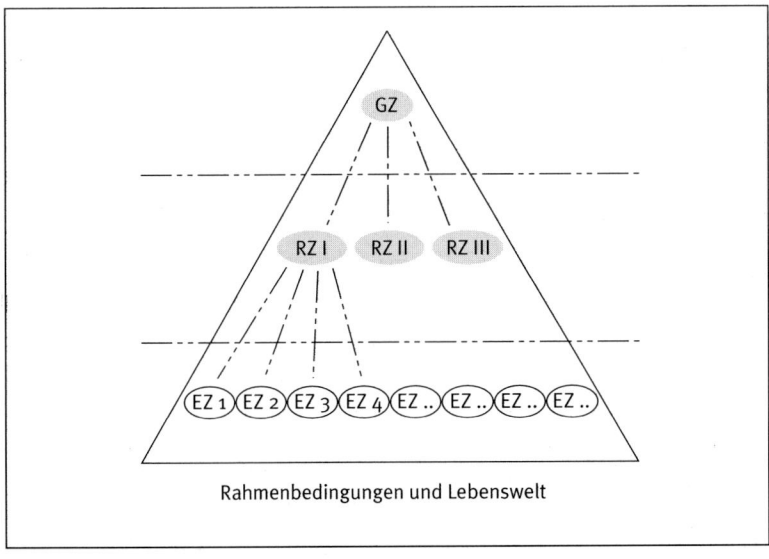

Abb. 20: Zielpyramide

Zuordnung der Zielebenen

Organisationen sind überwiegend hierarchisch gegliedert.[44] Visionäre Grundsatzziele für die Organisation werden maßgeblich von den Führungskräften entwickelt, die konkreteren Rahmen- und Ergebnisziele zusammen mit leitenden bzw. ausführenden Mitarbeitern.

Rahmenbedingungen

Externe Einflussfaktoren und Rahmenbedingungen wie Finanzierung der Organisation, fachliche Kompetenz der Mitarbeiter, Gesetzgebung usw. sind bereits in der Zielsammlung zu berücksichtigen. Bei späterer Zielauswahl und Realisierbarkeitsprüfung nehmen sie als Bewertungskriterien eine besondere Rolle ein.[45]

Die gesammelten Ziele werden in das bekannte Schema übertragen. Für die Ergebniszielebene sind Prüfgrößen zu bestimmen:

Zielkatalog für die Organisation (KV I-34) und weitere Ziele (KV I-35)

Grundsatzziel:

Rahmenziele:
RZ ...:   RZ ...:   RZ ...:

Ergebnisziele:
EZ ...:   EZ ...:   EZ ...:

Prüfgrößen:

---

[44] Vgl. **Band III** der **Reihe Sozialmanagement:** Management der Organisationsstrukturen.

[45] Vgl. Kap. 5.2.4.

Sollte der gegenüber abgebildete Vordruck nicht genügen, um alle Grundsatz-, Rahmen- und Ergebnisziele (mit Prüfgrößen zu erfassen, muss ein weiteres Formblatt (KV I-35: Weitere Ziele) herangezogen werden.

5.6.2 Zielauswahl

5.6.2.1 Demokratische Punktwahlmethode

Das Ergebnis der Zielsammlung ist für gewöhnlich ein umfangreicher Ergebniszielkatalog, welcher noch verkleinert werden muss, um die wirksame Planung der Zielerreichung gewährleisten zu können. Eine einfache Methode für fundierte und überlegte Zielreduzierung stellt die demokratische Punktwahlmethode dar.

Reduzierung der Ergebnisziele

Diese Technik berücksichtigt die Meinung aller am Zielfindungsprozess beteiligten Mitarbeiter in gleicher Weise. Jedes Gruppenmitglied erhält dieselbe Anzahl an Punkten (z. B. 8), die er auf einzelne Ziele verteilen kann. Eine Häufung der Punkte auf ein Ziel und die damit verbundene Gewichtung ist möglich. Es ist allerdings nicht gestattet, alle Punkte auf ein Ziel zu vergeben, weil dies dazu führen könnte, dass Gruppenmitglieder sich nur auf das Ziel konzentrieren, das sie selbst in die Zielsammlung eingebracht haben.

Erläuterung der Technik

Die Ziele, die in der Summe die meisten Punkte erhalten, werden vorerst weiter verfolgt. Weniger gewichtete Ziele sind nicht sofort zu verwerfen. Ergibt die Realisierbarkeitsprüfung, dass ausgewählte Ziele einer Korrektur oder Anpassung bedürfen, können Ideen und Inhalte der im Augenblick zurückgestellten Ziele wieder aufgegriffen werden.

Der Ablauf der demokratischen Punktwahlmethode muss allen Mitwirkenden bekannt sein. Sie kann **offen** (durch Handzeichen) oder **verdeckt** (mit Handzetteln usw.) durchgeführt werden, wobei das letztgenannte Verfahren eher gewährleistet, dass sich die Mitarbeiter unabhängig von anderen Meinungen äußern. Das Arbeitsteam einigt sich im Vorfeld des Auswahlverfahrens auf die Rahmenbedingungen (Punkte, Gewichtung, Anzahl der auszuwählenden Ziele etc.).

Offener oder verdeckter Ablauf

Die Punktwahlmethode eignet sich besonders gut für eine Bestimmung von Grundsatzzielen der Organisation, zumal es hier zunächst darum geht, allgemein und weniger konkret festzulegen, welche grundlegenden Konzepte und elementaren Intentionen in der Einrichtung verwirklicht werden sollen.

Einsatzbereich

5.6.2.2 Matrixbewertung

Die Zielsammlung, -auswahl und -bewertung im Team erweist sich oftmals als schwierig und äußerst komplex. Mittels der so genannten Matrixbewertung kann der Entscheidungsprozess zweckmäßig, zuverlässig und transparent für die Beteiligten unterstützt werden (vgl. MÜLLER-SCHÖLL/PRIEPKE 1992, S. 50 ff.).

Kriterien für die Bewertung

Die bisher zusammengetragenen Ziele sind dabei nach Bewertungsmaß-stäben (Kriterien) zu vergleichen, die die Arbeitsgruppe gemeinsam fest-legt. Gegenübergestellt werden jeweils die Ziele der gleichen Zielebene (Grundsatz-, Rahmen- und Ergebnisziele).

Bewertungsmaßstäbe müssen deutlich abgrenzbar sein.

Bei der Vereinbarung von Beurteilungsmaßstäben gilt es zu beachten, dass Entscheidungen sicherlich leichter getroffen werden, wenn die Bewer-tungskriterien genau, konkret und unmissverständlich definiert sind. Im Team sollte jedem klar sein, welche Inhalte die einzelnen Kriterien erfas-sen.

Beispiele

Bewertungskriterien können beispielsweise sein:
- Das Ziel ist unter **finanziellen** Gesichtspunkten eher (*eher nicht*) zu erreichen.
- Das Ziel ist im Rahmen der augenblicklichen **personellen** Situation ein-facher (*schwieriger*) zu verwirklichen.
- Das Ziel ist unter den gegebenen **räumlichen** Bedingungen besser (*schlechter*) durchzusetzen.
- Das Ziel ist im Rahmen der **gesetzlichen** Vorgaben leichter (*schwerer*) zu realisieren.
- Die Zielerreichung ist unter **zeitlichen** Aspekten früher (*später*) mög-lich.
- Die Zielerreichung bringt einen höheren (*geringeren*) **Nutzen** für die Organisation/den Klienten/die Mitarbeiter.

Subjektivität als Bewertungsmaßstab

Neben den angeführten Beispielen gibt es eine Fülle möglicher Bewer-tungskriterien. Das Team muss sich vor der Bewertungsphase darüber einigen, wieviele Kriterien herangezogen werden. Die **Subjektivität** der Handelnden (z. B. ihre gefühlsmäßige Bewertung einer Situation) kann ein besonders wichtiges Kriterium sein und sollte deshalb in irgendeiner Form Berücksichtigung finden.

Handlungsanleitung

Für jedes Kriterium wird eine Vergleichstabelle (Matrix) angelegt. Jedes Ziel wird sowohl auf der horizontalen als auch auf der vertikalen Ebene eingetragen. Auf der Horizontalen werden spaltenweise je zwei Ziele mit-einander verglichen. Das Ziel, das unter dem Bewertungskriterium von größerer Bedeutung erscheint, erhält ein +, das Ziel, das weniger wich-tig wirkt, ein –. Sind beide Ziele in etwa gleich wichtig, oder ist keine Entscheidung möglich, so erhalten beide Ziele eine 0. Die Einstufung der Ziele gemäß ihrer Bedeutsamkeit kann in der Arbeitsgruppe z. B. über die demokratische Punktwahlmethode erfolgen.

Die Matrixbewertung ergibt anhand des Ergebniswertes eine Rangfolge der einzelnen Ziele. Der Ergebniswert wird über die Addition der Werte für +, 0 und – ermittelt. Das Ziel mit den meisten +–Eintragungen erhält den Rangplatz 1 usw.

Bei gleicher Anzahl +–Werte wird das Ziel mit weniger –Werten in der Rangliste höher eingestuft. Viele 0-Werte sind ein Zeichen dafür, dass über einen Zielvorschlag Unklarheit und Unsicherheit herrscht. O-Werte sind deshalb eher negativ zu sehen.

Matrix (KV I-36)

Kriterium ‑‑‑‑‑‑‑‑‑ ‑‑‑‑‑‑‑‑‑		Ziel 1	Ziel 2	Ziel 3	Ziel …	Ergebniswert (EW)			Rang-folge (RF)
						+	o	–	
Ziel 1	1.)								
Ziel 2	2.)								
Ziel 3									
Ziel …									

Sollen mehr als vier Ziele miteinander verglichen werden, ist die obige Tabelle entsprechend zu erweitern (siehe Kopiervorlage **KV I-37**).

Optimales Mittel

Eine Auswertung der einzelnen Vergleichstabellen ergibt unter Umständen noch keine endgültige Klarheit über Rangfolge und Priorität der Ziele. Mehrere Ziele können denselben Rangplatz einnehmen. Ein Ziel, das unter dem Gesichtspunkt des Nutzens für den Klienten am wichtigsten erscheint, kann z. B. aus finanziellen Gründen nur schwer erreichbar sein. Deshalb müssen die Ergebniswerte aus den verschiedenen Matrizen über das **optimale Mittel** einer Gesamtrangfolge zugeführt werden.

Handlungsanleitung für das optimale Mittel

Tragen Sie die Ergebniswerte (+ / 0 / –) für jedes Ziel in die nachstehende Tabelle ein und zählen Sie in jeder horizontalen Spalte die Werte für + / 0 / – zusammen. Aus dem Gesamtergebniswert lässt sich die Rangfolge ablesen.

Optimales Mittel (KV I-38 und KV I-39)

Ergebniswert Kriterium:	EW Kriterium			EW ‑‑‑‑‑‑			EW ‑‑‑‑‑‑			Gesamtergebniswert (GEW)			Rang-folge (RF)
	+	o	–	+	o	–	+	o	–	+	o	–	
Ziel 1													
Ziel 2													
Ziel 3													
Ziel …													

Auch nach der Feststellung des optimalen Mittels ist es vorstellbar, dass zwei oder mehrere Ziele den gleichen Rangfolgenplatz belegen. Eine Entscheidung zwischen den Zielen muss nicht immer erfolgen, da grundsätzlich mehrere Ziele gleichzeitig bearbeitet werden können. Um eine eindeutige Rangfolge zu formulieren, gibt es jedoch die Möglichkeit, nur Ziele mit dem gleichen Rangplatz noch einmal über die Bewertungskriterien miteinander zu vergleichen.

Gewichtung der Kriterien

Eine Gewichtung einzelner Kriterien kann darüber hinaus zu einer exakteren Trennung zwischen den Zielen führen. Sind z. B. die Finanzen das ausschlaggebende Kriterium für eine Zielauswahl, so können die Einzeleintragungen der Ergebniswerte aus dieser Matrix mit 2 oder 3 multipliziert werden. Dies würde den Gesamtergebniswert des optimalen Mittels entsprechend verändern.

Beispiel

Zur weiteren Verdeutlichung des komplexen Bewertungverfahrens über Matrix und optimales Mittel soll an dieser Stelle ein Zahlenbeispiel dienen:

Verglichen werden vier Ergebnisziele anhand der Kriterien Finanzen, Nutzen für den Klienten und Subjektivität, dabei ist der Inhalt der Ergebnisziele für die exemplarische Darstellung einer Matrixbewertung nicht primär entscheidend.

Es ergeben sich die nachstehenden Matrizen:

Matrix 1:

Kriterium Finanzen	Ziel 1	Ziel 2	Ziel 3	Ziel 4	Ergebniswert (EW)			Rang-folge (RF)
					+	o	–	
Ziel 1		–	–	+	1	0	2	3
Ziel 2	+		+	+	3	0	0	1
Ziel 3	+	–		+	2	0	1	2
Ziel 4	–	–	–		0	0	3	4

Matrix 2:

Kriterium Nutzen	Ziel 1	Ziel 2	Ziel 3	Ziel 4	Ergebniswert (EW)			Rang-folge (RF)
					+	o	–	
Ziel 1		+	o	+	2	1	0	1
Ziel 2	–		–	+	1	0	2	3
Ziel 3	o	+		+	2	1	0	1
Ziel 4	–	–	–		0	0	3	4

Matrix 3:

Kriterium Subjektivität	Ziel 1	Ziel 2	Ziel 3	Ziel 4	Ergebniswert (EW)			Rang-folge (RF)
					+	o	–	
Ziel 1		+	–	–	1	0	2	2
Ziel 2	–		+	–	1	0	2	2
Ziel 3	+	–		–	1	0	2	2
Ziel 4	+	+	+		0	0	3	1

Nach Matrix 1 (*Finanzen*) wäre Ziel 2 das wichtigste Ergebnisziel, aus Matrix 2 (*Nutzen*) ergibt sich Ziel 3 und aus Matrix 3 (*Subjektivität*) Ziel 4 als das wichtigste Ergebnisziel.

Optimales Mittel:

Ergebniswert Kriterium:	EW Kriterium			EW ----			EW ----			Gesamtergebniswert (GEW)			Rang-folge (RF)
	+	o	−	+	o	−	+	o	−	+	o	−	
Ziel 1	1	0	2	2	1	0	1	0	2	4	1	4	3
Ziel 2	3	0	0	1	0	2	1	0	2	5	0	4	2
Ziel 3	2	0	1	2	1	0	1	0	2	5	1	3	1
Ziel 4	0	0	3	0	0	3	3	0	0	3	0	6	4

Das Ergebnis des optimalen Mittels weist Ziel 3 eindeutig als wichtigstes Ergebnisziel aus. Der Entscheidungsprozess wäre so für alle Beteiligten nachvollziehbar abgeschlossen. Eventuelle Fehler im Bewertungsverfahren wären durch die schriftliche Fixierung der Abläufe zu erkennen und zu korrigieren.

Die Matrixbewertung sollte als Hilfsinstrument verstanden werden, das anstehende Entscheidungen im Zielfindungsprozess erleichtert. Unter Umständen besteht bereits an dieser Stelle im Zielfindungsverfahren Bedarf, die aufgestellten Ziele erneut zu überdenken und zu verändern.

Ausgewählte Ziele müssen abschließend einer Realisierbarkeitsprüfung unterzogen werden.

5.6.3 Realisierbarkeitsprüfung

Für den Bereich der Organisationsziele wird die Methode der Realisierbarkeitsprüfung aus **Kap. 4** übernommen. Zunächst sind für jedes Ziel, das weiter bearbeitet wird, alle, die Zielerreichung hemmenden Einflussfaktoren zu protokollieren, die im Team zusammengetragen werden.

Anschließend erfolgt die Umwandlung der hemmenden in fördernde Bedingungen und eine Ergänzung der fördernden Bedingungen.[46] Schließlich ist zu entscheiden, ob diese Umstände

- gegeben
- nicht gegeben, aber erreichbar (machbar)
- nicht gegeben und nicht erreichbar (machbar)

sind.[47]

---

[46] Diese Vorgehensweise wird als **Negativmethode** bezeichnet.
[47] Der Entscheidungsprozess in der Gruppe kann über die demokratische Punktwahlmethode (vgl. Kap. 5.6.2.1) erfolgen.

Ziele:	Bedingungen		gegeben	nicht gegeben, aber machbar	nicht gegeben, nicht machbar
	hemmende /	fördernde			

Realisierbarkeitsprüfung (KV I-40) und (KV I-41)

5.6.4 Zielkorrektur

Ergibt die Realisierbarkeitsprüfung, dass für ein bestimmtes Ziel sehr viele fördernde Voraussetzungen vorliegen oder dass sich notwendige Bedingungen zumindest herstellen lassen, wird das Ziel in die Planungsphase übernommen.[48]

Sind demgegenüber jedoch viele Bedingungen nicht machbar, ist eine Zielanpassung und Zielkorrektur erforderlich. Es sollte noch einmal eine intensive Auseinandersetzung mit den Inhalten des Zieles und den zur Zielerreichung unerlässlichen Rahmenbedingungen stattfinden, bevor ein Ziel endgültig verworfen wird.

Zielanpassung

Gelangt die Arbeitsgruppe zu der Übereinstimmung, dass ein Ziel mit vielen nicht machbaren Bedingungen besonders wichtig für Organisation, Klienten oder die Mitarbeiter ist, so ist es natürlich auch sinnvoll, dieses Ziel intensiv weiter zu verfolgen und fehlende Rahmenbedingungen – so weit als möglich – herzustellen. Ziele sollen schließlich ein Stück weit von Visionen getragen sein und zur Weiterentwicklung der Institution beitragen.

Besonders wichtige, visionäre Zielsetzungen bleiben bestehen.

Der Anlass für eine Zielkorrektur kann auch eine ungenaue oder falsche Einschätzung der Ist- bzw. Problemsituation sein.

Auch für den Bereich der Organisation gilt deshalb der Grundsatz:

Zielergänzung und Zielkorrektur muss jederzeit möglich sein.

> „Erst wenn Zielvorstellungen von Mitgliedern in einem formalen, legitimierten Prozess als Ziele der Organisation deklariert werden, kann man von Organisationszielen sprechen."
>
> (KIESER/KUBICEK 1992, S. 6)

---

[48] Vgl. **Band II der Reihe Sozialmanagement:** Zeitmanagement, Planung und Kontrolle des Handlungsvollzuges.

5.7 Kontrolle der Zielverwirklichung

5.7.1 Erfolgsmessung als Grundlage für Organisationsentwicklung

Die wachsende Komplexität der Umweltbeziehungen und ein ständiger Wandel interner und externer Einflussfaktoren bedingt – wie gezeigt – die Einführung widerspruchsfreier, handlungssteuernder Leitbilder und Zielsysteme in den Betrieben und Institutionen des sozialen Bereiches.[49]

Merkmale einer „lernenden Organisation"

Damit Non-Profit-Organisationen dauerhaft in der sie umgebenden Umwelt überleben, sich dabei kontinuierlich weiterentwickeln und auf die Rahmenbedingungen ihrer Arbeit konstruktiv einwirken können, ist es erforderlich, dass sie sich – eben über eine Realisierung gesetzter Leitvorstellungen und Ziele – selbst zur **„lernenden Organisation"** entwickeln, d. h., dass sie

Innovative Aufbaustrukturen und Ablaufprozesse

- sensible Antennen (d. h. ein besonderes Einfühlungsvermögen) und offene, flexible Organisationsstrukturen und -prozesse herausbilden, um Veränderungen in ihrer Umwelt und in ihren eigenen Zuständen laufend zu beobachten, zu verarbeiten und in angemessene interne Veränderungen umzusetzen,[50]

Kreative Methoden der Problemlösung

- die hierzu erforderlichen Problemlösungsverfahren entwickeln oder von außen beschaffen und institutionalisieren, um sich in einem ständigen Prozess von Versuch und Irrtum über permanente Rückkopplungsschleifen von *beobachten – Hypothesen bilden – handeln* laufend selbst korrigieren zu können,[51]

Personalentwicklung

- die hierzu notwendigen Schlüsselqualifikationen ihrer Mitarbeiter heranbilden und ihre Lern- und Entwicklungsmöglichkeiten fördern (vgl. ENGELHARDT/GRAF/SCHWARZ 1996, S. 77 f.).[52]

Grundbedingungen für Organisationsentwicklung

Eine zielgerichtete Organisationsentwicklung muss so angelegt werden, dass es gelingt, zugleich
- auf die Bedürfnisse und Interessen der Beteiligten, auf ihren Lebensrhythmus und auf die Schnelligkeit ihrer Veränderungsbereitschaft und -fähigkeit einzugehen,
- Gruppenphasen und dynamische Prozesse im Handlungsvollzug zu berücksichtigen,
- diesen Entwicklungsprozess auf klare Ziele hin auszurichten und zu konkreten, nachvollziehbaren Ergebnissen zu führen (vgl. ENGELHARDT/GRAF/SCHWARZ 1996, S. 79).

---

[49] Vgl. hierzu insbesondere Kap. 5.2.4.
[50] Zur Organisationsentwicklung sowie zur Optimierung organisatorischer Strukturen siehe **Band III** dieser Reihe.
[51] Zur Problemlösung vgl. Kap. 6.
[52] Zur Personalentwicklung siehe **Band IV** der **Reihe Sozialmanagement** (Personalmanagement).

> „Das Wesen der Organisationsentwicklung besteht in einem Bemühen um die Vitalisierung, das Wachstum, die Aktualisierung, Aktivierung und Erneuerung von Organisation durch technische und menschliche Ressourcen."
>
> (French/Bell Jr. 1990, S. 32)

Erfolg der Organisation

Organisationen streben *prinzipiell* nach Erfolg und so wird das Erlangen von Erfolg durch Ziel-/Maßnahmen-/Mittel-Entscheidungen eine der zentralen Anforderungen an ihre Mitarbeiter bzw. Mitglieder sein (vgl. Horak 1995, S. 170). Im Konzept einer lernenden, sich konsequent modifizierenden Organisation muss die unentbehrliche Analyse von Erfolg oder Misserfolg der Einrichtung deshalb zwangsläufig einen hohen Stellenwert einnehmen.

> „Von Erfolg zu sprechen bedeutet, auf ein bestimmtes Normensystem Bezug zu nehmen. Dieses Normensystem drückt sich in Zielen aus."
>
> (Horak 1995, S.171)

Der Gesamterfolg einer sozialen Organisation stellt ein mehrdimensionales theoretisches Konstrukt dar, welches, um es einer Messung unterziehen zu können, in Merkmale zerlegt werden muss, die anhand so genannter Erfolgs- oder Effizienzkriterien wie beispielsweise Gewinn, Rentabilität, Umsatz, Zufriedenheit, Motivation usw. zu beschreiben sind (vgl. Horak 1995, S. 173).

> „Effizienzkriterien dienen der Beschreibung von Merkmalen, die für den Bewertenden von Bedeutung sind und als Ausdruck für Aspekte des Wertsystems des Bewertenden aufgefaßt werden können."
>
> (Welge 1987, S. 591)

Prozess der Erfolgsmessung Allgemeine Definition

Für den Verlauf einer Erfolgsmessung ist es notwendig, mehrere Arbeitsschritte einzuhalten:[53]

- Zunächst muss Erfolg *allgemein*, als anfänglich nur bildhafte Vorstellung, definiert werden. Dabei ist zu berücksichtigen, dass Erfolg nach Situation und Organisation nur individuell definierbar ist.[54]

---

[53] Die Ausführungen zur Erfolgsmessung können im Rahmen dieses Bandes nur sehr knapp ausfallen. Verwiesen sei auf die weiterführenden Literaturhinweise in Kap. 7.2.

[54] Jeder einzelne Mitarbeiter einer Organisation muß für sich klären, was für ihn Erfolg konkret bedeutet. Diese Reflexion wird sein berufliches Handeln im allgemeinen und seinen Umgang mit Erfolgskontrolle im speziellen entsprechend beeinflussen. Eine Möglichkeit, eine persönlichen Erfolgsdefinition zu entwickeln, ist in Kap. 3.2 beschrieben.

Zerlegung in Dimensionen

■ Diese erste, bildhafte Erfolgsdefinition wird anschließend in einzelne abgrenzbare Aspekte oder Dimensionen zerlegt, wie z.B. finanzielle Gesichtspunkte, personelle Bedingungen oder zeitliche Perspektiven.[55]

Auswahl geeigneter Messindikatoren

■ Einige der aufgestellten Merkmale/Dimensionen/Kriterien werden direkt messbar sein, wie z.B. der erzielte Umsatz oder der Marktanteil für eine Dienstleistung. Der Großteil der Erfolgsmerkmale im sozialen Bereich (wie z.B. Zufriedenheit des Klienten) ist allerdings nicht direkt quantifizierbar. Für diese Erfolgsmerkmale (bzw. -dimensionen) müssen Bewertungsindikatoren ausgewählt werden, anhand derer sich qualitative und doch objektive Aussagen über den erzielten Erfolg ableiten lassen (vgl. HORAK 1995, S. 173).[56]

Ergebnisorientierte und prozessbezogene Erfolgsmessung

Die Erfolgsmessung kann sich einerseits nur auf die Erreichung der Ziele konzentrieren, d.h. **ergebnisorientiert** ausgerichtet werden. Andererseits ist es vorstellbar, auch die Methoden, Mittel und Instrumente, die zur Umsetzung der Ziele eingesetzt werden, im Verlauf des Handlungsvollzuges **prozessbezogen** zu kontrollieren und zu hinterfragen (vgl. HORAK 1995, S. 171).

Ergebnisansatz

Beim ergebnisorientierten Ansatz wird davon ausgegangen, dass eine Organisation um so effizienter ist, je höher der Grad der Zielerreichung ist. Die Zielrealisierung kann auf ein singuläres Ziel, auf ein Zielbündel, auf die Erfüllung eines faktischen Bedarfes und/oder auf die Befriedigung eines gesellschaftlich gerechtfertigten Bedarfs beziehen. Voraussetzung für die Kontrolle der Zielverwirklichung ist eine Entwicklung handlungsrelevanter, operationalisierbarer Ergebnisziele im Zielfindungsprozess (vgl. HORAK 1995, S. 175).

Als Kontrolltechniken dienen hier vor allem die Überprüfung der Leitbildumsetzung (vgl. Kap. 5.7.2) und die Effektivitätsprüfung (vgl. Kap. 4.7.1).[57]

Prozessansatz

Bei prozessbezogenen Methoden der Kontrolle werden nach systemischen Gesichtspunkten neben der Zielerreichung auch die Beziehungen zwischen der Organisation und dem Umfeld sowie eventuelle Veränderungen innerorganisatorischer Strukturen und Prozesse berücksichtigt (vgl. HORAK 1995, S. 175).

In diesem Zusammenhang werden in Non-Profit-Einrichtungen zunehmend verschiedene Verfahren der Qualitätssicherung bzw. des Qualitätsmanagement eingeführt (vgl. Kap. 5.7.3).

---

[55] Als Effizienzkriterien bzw. –dimensionen können in leicht veränderter Form z.B. auch die Bewertungskriterien für die Zielauswahl herangezogen werden (vgl. Kap. 5.6.2.2).

[56] Als Indikatoren für eine Erfolgsmessung dienen in jedem Fall die den Ergebniszielen zugeordneten **Prüfgrößen** (vgl. Kap. 3.3.5).

[57] Die hier erwähnte, aus der Zielfindung für den Klienten (Kap. 4) bekannte Effektivitätsprüfung der Zielerreichung kann inhaltlich und methodisch ohne Einschränkungen für eine Zielkontrolle im Bereich der Organisation übernommen werden.

5.7.2 Die Umsetzung des Leitbildes

Im Prozess einer andauernden Weiterentwicklung der Organisation über gesteuerte Lernvorgänge sind die verschiedenen Grundhaltungen, Einstellungen oder Meinungen einzelner Mitarbeiter oder Mitarbeitergruppen gegenüber der betreffenden Institution bzw. dem entsprechenden Unternehmen sowie ihrem jeweiligen Tätigkeitsbereich von entscheidender Bedeutung.

Nachdem sich die Mitarbeiter mit ihrer Arbeit nicht nur über die alltäglichen Anforderungen identifizieren, sondern auch über Visionen und weiterreichende Zielsetzungen, welche sie mit sich selbst, ihrer Arbeit und ihrer Einrichtung verbinden, werden individuelle und kollektive Vorstellungen über die Zukunft verstärkt in Form von Leitbildern formuliert (vgl. BOBZIEN/STARK/STRAUS 1996, S. 79).[58]

Leitbilder als Identifikationsmodelle

> „Das Leitbild einer Einrichtung besteht meist aus wenigen Sätzen, die Aussagen zu den übergeordneten Zielen der Einrichtung und die grundsätzlichen Vorgehensweisen/Philosophien zur Umsetzung dieser Ziele beinhalten soll.
>
> Es entsteht aus der Zusammenschau bisheriger Konzepte, Strategien, erkennbarer Erfolge und Pläne.“
>
> (BOBZIEN/STARK/STRAUS 1996, S. 80)

Leitbilder können für Organisationsmitglieder motivierend wirken und ein gesteigertes Engagement hervorrufen. Gleichermaßen ist jedoch auch denkbar, dass die entwickelten Leitgedanken Gleichgültigkeit, Passivität, Desinteresse oder sogar Ablehnung hervorrufen.

Die tatsächliche Umsetzung des Leitbildes und seine Gültigkeit als eine positive „Richtschnur für das Handeln nach innen und außen“ (KIESSLING/SPANNAGL 1996, S. 64) muss deshalb laufend kontrolliert und reflektiert werden.[59]

Reflexion des Leitbildes

Für die Überprüfung der aufgestellten Leitvorstellungen bietet sich die folgende Checkliste an (vgl. KIESSLING/SPANNAGL 1996, S. 65 und S. 67):[60]

---

[58] Zu den Funktionen und Zielsetzungen von Leitbildern und dem Prozess der Leitbildentwicklung siehe Kap. 5.4.

[59] Bestehen grundsätzliche Abweichungen zwischen den formulierten Leitgedanken für das Handeln und der gelebten Realität, muss die Leitbildentwicklung möglicherweise komplett wiederholt werden.

[60] Hinsichtlich der Kontrolle der Leitbildumsetzung dienen die hier formulierten Fragestellungen zur Feststellung des derzeitigen Ist-Zustandes. Der Fragenkatalog kann leicht abgewandelt (zusätzlich oder alternativ zu den in Kap. 5.4.2 angefügten Leitfragen) auch zur Leitbildentwicklung, d.h. zur Abfassung eines gewünschten Soll-Zustandes, eingesetzt werden.

Fragenkatalog zur Kontrolle des Leitbildes (KV I-42)

1. Welche Anforderungen ergeben sich aus dem Leitbild für die Organisation?
2. Wie werden diese Anforderungen bewältigt?
3. Wie werden die konkreten Aufgaben und Aufträge der Organisation wahrgenommen?
4. Wie werden Organisationsziele verwirklicht?
5. Welche Normen, Werte und Einstellungen bestimmen das Handeln der Organisationsmitglieder?
6. In welcher Weise wird auf die Bedürfnisse der Rat und Hilfe Suchenden reagiert?
7. Wie gehen die Mitarbeiter miteinander um?
8. Wie wird mit Konflikten umgegangen?
9. Wie gestalten sich die Kommunikationsbeziehungen in der Einrichtung?
10. Inwieweit entspricht der gelebte Führungsstil den Leitvorstellungen?
11. In welchem Ausmaß erfüllt die Organisation ihre gesellschaftliche Verantwortung?
12. Wie wird die Qualität der Arbeitsergebnisse gewährleistet?

5.7.3 Qualitätssicherung durch Zielkontrolle

Leitbilder und Ziele als Voraussetzung für Qualitätsmanagement

Die Identifikation der Mitarbeiter mit übergreifenden Leitbildelementen sowie den sich daraus ergebenden Grundsatz-, Rahmen- und Ergebniszielen der Einrichtung ist eine unentbehrliche Vorbedingung für die Entwicklung und Durchführung eines effektiven Qualitätsmanagements in der Organisation (vgl. BOBZIEN/STARK/STRAUS 1996, S. 81).

Zum Verständnis von Qualität

Die größte Schwierigkeit bei der Einführung qualitätssichernder Maßnahmen ist, dass Qualität – gerade im Bereich Sozialer Arbeit – nicht als eine physikalische Größe mit messbaren Werten betrachtet werden kann. Zwar besteht bezüglich der Erwünschtheit gewisser Qualitätskriterien wie z. B. Freundlichkeit, Zuverlässigkeit oder Fachkompetenz des professionellen Helfers Konsens; diesen Eigenschaften wird individuell jedoch unterschiedlich hohe Bedeutung beigemessen (vgl. HALLER 1998, S. 17).

> „Qualitätsmanagement ist in erster Linie als einrichtungsinternes Konzept der Qualitätsverbesserung und Selbstevaluation zu verstehen, das den Schwerpunkt auf die partizipative Formulierung von Zielen und die Verbesserung einer prozeßorientierten Arbeitsweise legt, mit der diese Ziele erreicht werden sollen."
>
> **(BOBZIEN/STARK/STRAUS 1996, S. 14)**

Soziale Organisationen bieten Dienstleistungen an.

Hinzu kommt, dass soziale Organisationen als Dienstleistungsunternehmen keine fertigen Produkte, Waren oder Handelsgüter anbieten, sondern eben pädagogische, gesundheitliche oder soziale Dienstleistungen, die nur in sehr begrenztem Maße standardisiert werden können und deren Qualität entscheidend von der kommunikativen Interaktion zwischen Berater, Helfer, Therapeut usw. und dem/den Klienten abhängt (vgl. GRAF 1996, S. 19).

Die Qualität einer erbrachten Dienstleitung kann – ähnlich wie Erfolg – nur individuell erfasst werden. Als Beurteilungskriterien (Indikatoren) können

- das zugrunde gelegte Menschenbild
- die Art der vermittelten Lebensperspektiven
- die Zufriedenheit der Betroffenen
- die Zufriedenheit der Mitarbeiter
- die soziale Verträglichkeit einer Dienstleistung oder Maßnahme
- die fachliche Qualität der Ausführung
- das Verhältnis von Aufwand und erzielten Ergebnis
- und der Grad der Zielerreichung

dienen (vgl. Bobzien/Stark/Straus 1996, S. 40).

Dimensionen der Qualität Sozialer Arbeit

Der Grad der Zielerreichung stellt hier einen wesentlichen Aspekt für die Qualitätssicherung in Non-Profit-Einrichtungen dar. **Nur Organisationen, die ein visionäres, widerspruchsfreies, handlungsleitendes und gleichsam handlungsrelevantes Zielsystem entwickeln und umsetzen können, werden dauerhaft qualitativ hochwertige Arbeit leisten.**[61]

Ziele als Grundlage für Qualität

Die Kontrolle der Zielrealisierung über die ergebnisorientierte Effektivitätsprüfung (siehe **Kap. 4.7.1** sowie Kopiervorlage *KV I-29*) ist deshalb auch eine anwendbare Technik zur Dokumentation von Qualität. Eine zusätzliche Möglichkeit bietet die in regelmäßigen Zeitabstände durchzuführende (prozessbezogene) Bearbeitung eines systematisierten Fragenkataloges.[62]

1. Welche Organisationsziele (Grundsatz-, Rahmen- und Ergebnisziele) konnten vollständig verwirklicht werden?
2. Anhand welcher Tatsachen/Fakten/Ereignisse (bezogen auf die Prüfgrößen) kann das belegt werden?
3. Welche Organisationsziele konnten nur teilweise erreicht werden?
4. Welche Organisationsziele konnten (bisher noch) überhaupt nicht umgesetzt werden?
5. Wo liegen die Gründe für Erfolg oder Misserfolg?
6. Welche weiteren Anstrengungen sind notwendig, um nicht oder nur teilweise realisierte Ziele dennoch zu erreichen?
7. Welchen Einfluss hat das Ausmaß der Zielrealisierung auf die Qualität der geleisteten Arbeit?
8. Was bedeutet dies für die Klienten der Organisation?
9. Welche Konsequenzen hat dies für die Mitarbeiter der Einrichtung?
10. Wie kann die Qualität der Arbeit auch zukünftig aufrecht erhalten werden?

Fragenkatalog zur Zielkontrolle (KV I-43)

---

[61] In dieser Veröffentlichung kann keine umfassende Erörterung der äußerst vielschichtigen Sachgebiete Qualitätssicherung und Qualitätsmanagement geleistet werden. Es wird auf entsprechende weiterführende Literatur verwiesen (vgl. Kap. 7.2).

[62] Vgl. hierzu auch den Fragenkatalog zur persönlichen Erfolgskontrolle (Kap. 3.8).

5.8 Literaturempfehlungen

- BOBZIEN, MONIKA / STARK, Wolfgang / Straus, Florian: Qualitätsmanagement, Alling 1996
- ENGELHARDT, HANS-DIETRICH: Organisationsmodelle – Ihre Stärken – Ihre Schwächen, Alling 1995
- KIESER, ALFRED / KUBICEK, HERBERT: Organisation, 3. völlig neu bearbeitete Auflage, Berlin, 1992
- LOTMAR, PAULA / TONDEUR, EDMOND: Führen in sozialen Organisationen – Ein Buch zum Nachdenken und Handeln, 4. Auflage, Bern 1994
- MÜLLER-SCHÖLL, ALBRECHT / PRIEPKE, MANFRED: Sozialmanagement – Zur Förderung systematischen Entscheidens, Planens, Organisierens, Führens und Kontrollierens in Gruppen, 3. Auflage, Neuwied 199
- PUCH, HANS-JOACHIM: Organisation im Sozialbereich – Eine Einführung für soziale Berufe, Freiburg im Breisgau 1994

Kein Problem wird gelöst,
wenn wir träge darauf warten,
daß Gott allein sich darum kümmert.

Martin Luther King

6 Methoden systematischer Problemlösung

6.1 Zum Verständnis des Problembegriffes

6.1.1 Die Struktur sozialer Probleme

Nachdem für die eigene Person, den Klienten und die Organisation Ziele formuliert, konkretisiert und bezüglich ihrer Dringlichkeit und Bedeutsamkeit (Priorität) eingestuft worden sind, müssen diese Zielsetzungen natürlich auch verwirklicht werden. Effektives, zielorientiertes Handeln wird jedoch häufig durch unerkannte, unbearbeitete oder ungelöste **Probleme** beeinflusst (vgl. Preiser 1989, S. 24 und 31).

Die Analyse von Problemsituationen und die Lösung von Schwierigkeiten und Konflikten stellt somit eine der Hauptaufgaben der Sozialarbeit dar. Prinzipiell setzen sich Probleme aus drei Elementen zusammen (vgl. Dörner 1979, in: Heiner 1988, S. 14):

Definition: Problem

- Es besteht ein unerwünschter Anfangszustand (**Ist-Zustand**).
- Es wird ein erwünschter Endzustand (**Soll-Zustand**) angestrebt.
- Eine **Barriere** verhindert, dass der Anfangszustand in den erwünschten Endzustand umgewandelt werden kann.

> **„Unter Problemen verstehen wir Widerstände, die auf Unklarheiten, Schwierigkeiten und Hindernissen auf dem Weg zum Ziel beruhen und die zu Herausforderungen an unser Denken, Fühlen und Wollen werden können und sollen."**
>
> **(Preiser 1989, S. 25 f.)**

Problemlagen können **gut strukturiert** erscheinen, d. h. Ziele für die Problemlösung bzw. -minderung sind relativ offensichtlich und entsprechende Mittel zur Zielerreichung stehen zur Verfügung.

Gut und schlecht strukturierte Probleme

Es ist allerdings häufiger der Fall, dass die Ziele, Lösungswege und Mittel zur Realisierung nicht sofort überschaubar sind, sondern sich erst im Laufe einer gründlichen Beschäftigung mit dem Sachverhalt erschließen.

Derart **schlecht strukturierte** Problemlagen sind durch allgemeine Merkmale gekennzeichnet (vgl. Dörner/Reither/Stäudel 1983 in: Heiner 1988, S. 14 f.):

Merkmale schlecht strukturierter Problemlagen

- Die Beschreibung der Beschaffenheit des Problems ist **diffus**.
- Eine **komplexe** Anzahl von Elementen ist zu berücksichtigen.
- Die Elemente sind untereinander stark **vernetzt** und beeinflussen sich gegenseitig.
- Es sind möglicherweise mehrere widersprüchliche Zielsetzungen gegeben, was **Zielkonflikte** auslösen kann.
- Oft sind Faktoren von Bedeutung, die **unkontrollierbar** sind.
- Ausgangszustände können sich durch eine gewisse **Eigendynamik** verändern, ohne dass eine bewusste Intervention erfolgt.

Klarstrukturierte Probleme (Routinedenken führt zum Ziel)	Schlechtstrukturierte Probleme (Kreatives Denken ist nötig)
– Ziel bekannt Ziel kann sicher erreicht werden	– Ziel schlecht strukturiert, offen, Ungewissheit, ob Ziel erreicht wird
– Situation bekannt, schon früher erlebt, bisheriges Wirssen passt auf Situation	– Situation neu, komplex bisheriges Wissen muß transformiert werden
– Lösung kann optimiert werden, richtige logische genaue Lösung möglich	– Pioniersituation, nur relativbeste Lösung möglich; alogisch, ungenau, Irrtum, Fehler möglich
– sichere und beruhigende Situation, keine Lernprozesse notwendig, fürht nicht zu neuem Wissen	– verwirrende Situation Lernprozesse sind nötig neue Erfahrungen werden gemacht

Abb. 21: *Vergleich von klar und schlecht strukturierten Problemen (Quelle:* ULRICH *1975, in:* DECKER *1992, S. 539)*

Auch bei scheinbar gut strukturierten Problemen kann eine eingehende Untersuchung ergeben, dass hinter der vordergründigen Problematik undeutliche, vielschichtige Aspekte verborgen liegen.

Problemlösung als Prozess

Es bietet sich demzufolge die Anwendung eines differenzierten Problemlösungsverfahrens an, durch dases möglich wird, Komplexität aufzulösen und handlungsrelevante Lösungsvorschläge zu erarbeiten.

6.1.2 Problemarten

Probleme sind „als die *Diskrepanz* zu definieren, die zwischen einer SOLL-Vorstellung und einer IST-Gegebenheit besteht" (MÜLLER-SCHÖLL/PRIEPKE 1992, S. 60).

Problemarten

Probleme können – neben der Einteilung in gut oder schlecht strukturierte Problemlagen – in drei **Problemkategorien** eingeteilt werden:

- Abweichungsprobleme
- Planungsprobleme
- Eventualitätsprobleme (vgl. MÜLLER-SCHÖLL/PRIEPKE 1992, S. 60 ff.)

Das **Abweichungsproblem** lässt sich dadurch charakterisieren, dass ein erwünschter Soll-Zustand zu einem früheren Zeitpunkt bereits einmal erreicht war. Der augenblickliche Ist-Zustand weicht vom Soll in unbefriedigender Weise ab.

Abweichungsproblem

Beispiel

SOLL	IST	Diskrepanz
1996	1999	
40	20	– 20

SOLL	IST	Diskrepanz
1997	1999	
Das Team arbeitet erfolgreich zusammen	Im Team gibt es häufig Konflikte	Eine erfolgreiche Zusammenarbeit ist nicht gegeben

Die Analyse des Abweichungsproblems orientiert sich an der Vergangenheit.

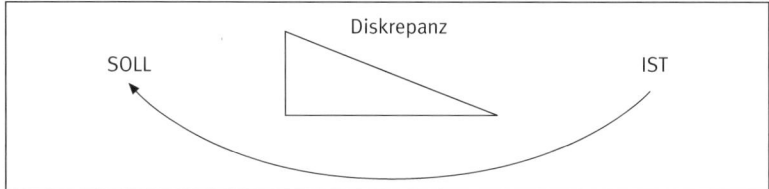

Abb. 22: Abweichungsproblem

Bei **Planungsproblemen** wird ausgehend von einer bestehenden Ist- Situation ein anzustrebender Soll-Zustand (Ziel) bestimmt. Wenn eindeutige Ziele ermittelt sind (siehe Kap. 3, 4 und 5), kann die gegebene Diskrepanz (z. B. ein Bedarf von 20 zusätzlichen Pflegebetten in einem Altenheim) festgestellt werden.

Planungsproblem

Differenzen zwischen Ist und Soll können auch als *Problem* (z. B.: „Eine erfolgreiche Zusammenarbeit ist nicht gegeben") gesehen und mit Problemlösungsmethoden weiterbearbeitet werden.

Beispiel

SOLL	IST	Diskrepanz
1999	1998	
40	20	+ 20

SOLL	IST	Diskrepanz
2000	1999	
Das Team arbeitet erfolgreich zusammen	Im Team gibt es häufig Konflikte	Eine erfolgreiche Zusammenarbeit ist nicht gegeben

Die Sichtweise bei Planungsproblemen ist auf die Zukunft gerichtet. Eine Erfassung von Planungsproblemen geht der eigentlichen Planung voraus.[63]

---

[63] Zum Planungsprozeß siehe **Band II** der **Reihe Sozialmanagement:** Zeitmanagement, Planung und Kontrolle des Handlungsvollzuges.

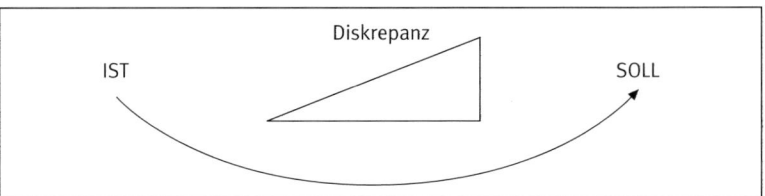

Abb. 23: Planungsproblem

Eventualitätsproblem

Das **Eventualitätsproblem** ist eine Modifikation des Planungsproblems. Wenn die Umsetzung geplanter Lösungen eine längere, schwer überschaubare und kalkulierbare Zeitspanne einnimmt, ist es nahe liegend, verschiedene Entwicklungen und Bedingungen, die möglicherweise eintreten könnten, zu berücksichtigen und alternative Problemlösungsmodelle als Reaktion auf veränderte Rahmenbedingungen vorzubereiten.[64]

Beispiel

Eventualitätsprobleme ergeben sich beispielsweise bei der langjährigen Planung einer großen Behindertenwerkstatt. Gesetzliche Bestimmungen für Zuschüsse ändern sich, die Baukosten steigen unvorhergesehen, qualifizierte Mitarbeiter können nicht angeworben werden usw.

Um das Ziel „Inbetriebnahme einer Behindertenwerkstatt in .... bis ...." zu verwirklichen, müssen diese Eventualitäten systematisch in die Planung mit einbezogen werden.

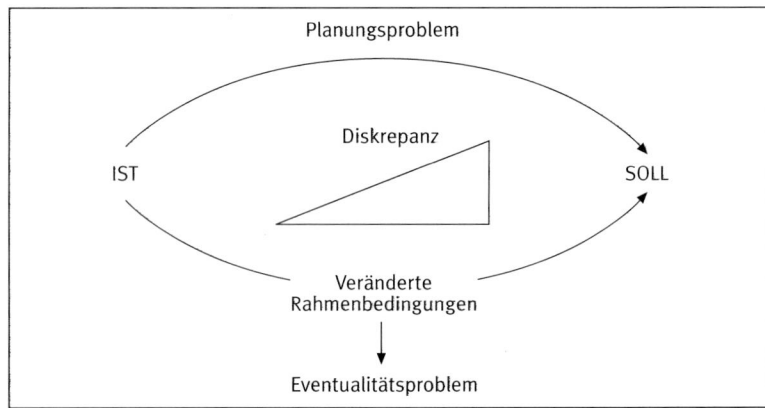

Abb. 24: Eventualitätsproblem und Planungsproblem

Der Blickwinkel beim Eventualitätsproblem ist ebenfalls auf die Zukunft, aber nicht nur auf das Ende (Ziel) der Planung gerichtet.

---

[64] Die Beachtung der Eventualitätsprobleme dient vornehmlich der Plansicherung; siehe dazu ebenfalls **Band II** der **Reihe Sozialmanagement.**

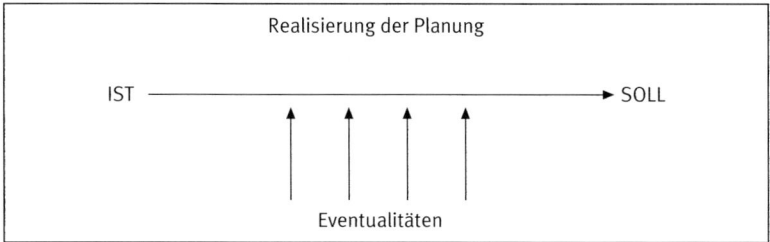

Abb. 25: Eventualitäten im Verlauf der Planrealisierung

Probleme treten immer dann auf, wenn gestaltbare Zustände und Sachlagen nicht den Erwartungen, Zielen oder Aufträgen entsprechen. Es stellt sich also die Frage, wie eine bestehende Lage (*Ist-Zustand*) in die gewünschte oder geforderte Situation (*Soll-Zustand*) überführt werden kann, d.h. wie Probleme (*Diskrepanzen*) durch methodisches Vorgehen gelöst werden können (vgl. RÜHLI 1988, S. 14).

6.2 Ablaufschema der Problemlösung

Nachdem Probleme nur selten so einfach strukturiert sind, dass sie auf Anhieb – quasi in einem Zug – behoben werden können, beruhen alle Problemlösungsmethoden darauf, dass der gedankliche Prozess des Problemlösens logisch in Phasen oder Schritte unterteilt wird (vgl. ULRICH/PROBST 1991, S. 114).

„Unter einem **Problemlösungsprozeß** wird die Abwicklung sämtlicher Aktivitäten verstanden, die vom Entstehen eines Problems bis zu dessen Lösung durchgeführt werden... Alle Aktivitäten des Problemlösungsprozesses haben gemeinsam, daß sie einen Vorgang darstellen, der aus dem Verarbeiten von Informationen besteht. Jede Problemlösungsaktivität bedeutet Finden und Auswerten von Informationen" (STAEHLE 1991, S. 270).

Definition: Problemlösungsprozess

Ähnlich wie die verschiedenen Zielfindungsverfahren setzt sich auch der Problemlösungsprozess aus einzelnen Arbeitsschritten zusammen, die einer systematischen Abfolge unterliegen.

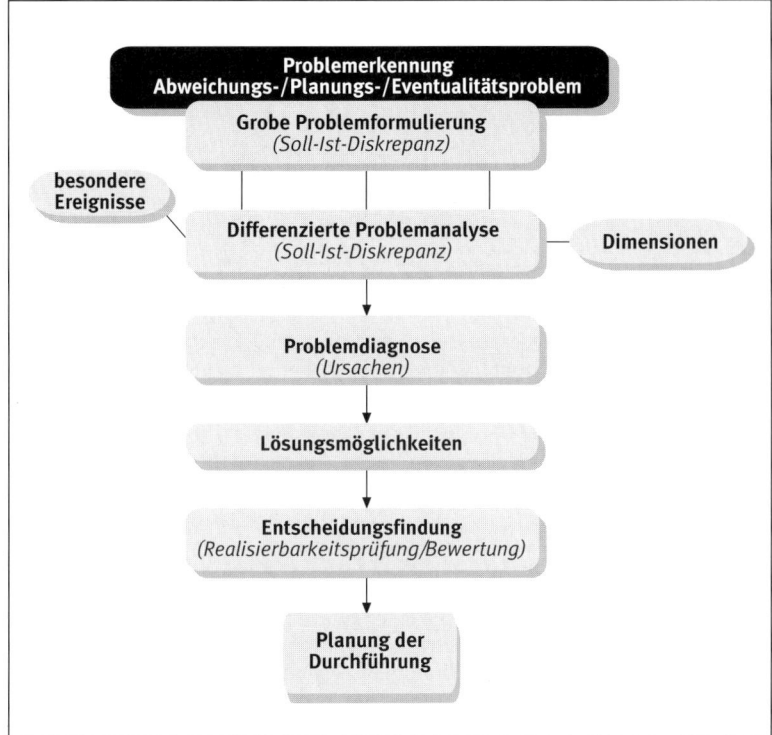

Abb. 26: Ablaufmodell der systematischen Problemlösung

| **Arbeitsschritte ...** | Der Problemlösungsprozess beginnt mit der Problemerkennung, welche die Problemart (Abweichungs-/Planungs-/Eventualitätsproblem) berücksichtigt und Ausgangspunkt für eine erste grobe Problembeschreibung ist. Unter Einbeziehung besonderer Ereignisse, Bereiche und Dimensionen wird eine differenzierte Problemanalyse erstellt. |

... der systematischen Problemlösung

Aus einer anschließenden ursachenbezogenen Problemdiagnose werden erste Lösungsvorschläge abgeleitet. Über Realisierbarkeitsprüfung und Bewertung der Lösungsmöglichkeiten wird eine Entscheidung darüber getroffen, welche Vorschläge in die Planungs- und Durchführungsphase übertragbar sind.

Probleme können sowohl im persönlichen Umfeld, beim Klienten, als auch in der Organisation offensichtlich werden. Die Methoden der systematischen Problemlösung können in all diesen Bereichen Anwendung finden.

Im Folgenden sollen die Techniken exemplarisch im Zusammenhang mit der Organisation erläutert werden. Ziel ist es, darzustellen, wie Probleme erfasst, eingeordnet und analysiert werden, sowie aufzuzeigen, wel-

che Möglichkeiten effektiver Entwicklung und Auswahl von Lösungsvorschlägen denkbar sind.[65]

Das oben aufgezeigte Ablaufschema ist sicherlich sehr umfassend.[66] Die
grundlegenden von den Autoren vertretenen Prinzipien

- Transparenz
- Nachvollziehbarkeit
- Partizipation
- Korrigierbarkeit

werden in den einzelnen Arbeitsgängen verwirklicht.

**Grundsätze des
Sozialmanagements**

6.3 Problemerkennung

6.3.1 Wahrnehmung von Problemen

Soziale Arbeit in organisatorischen Bezügen muss unter Berücksichtigung
individueller sowie gesellschaftlicher Ressourcen

- sowohl den *Rat* und *Hilfe Suchenden*
- als auch dessen *soziale Probleme*
- sowie die sein Befinden determinierende *sozio-kulturelle, sozio-öko-
  nomische sowie psycho-soziale Situation*

in den Blick seines Denkens, Fühlens, Wahrnehmens und Handelns stellen, mit dem Ziel der

- Entwicklung
- Vermittlung
- Implementierung
- Stabilisierung

von Handlungskompetenz (vgl. BASSARAK/WÜBBEKE, in: BASSARAK
1997, S. 210).[67]

**Soziale Arbeit zielt darauf
ab, Klienten ...**

**... Handlungskompetenz
für ihre spezifische
Lebenssituation zu
vermitteln.**

> „Sich als Professioneller wirklich kundig zu machen über die
> Lebenswirklichkeit und Lebensbefindlichkeit seiner Klienten und
> die darin enthaltenen Widersprüche nicht als 'Störungen' zu beseiti-
> gen, sondern als 'Reibungsenergie' mit und für den Klienten nutzen
> zu wollen, setzt eine ganzheitliche und ressourcenorientierte Sicht-
> und Handlungsweise voraus."
>
> **(MÜLLENSIEFEN 1993, in: Bassarak 1997, S. 210)**

---

[65] Wege zur Bearbeitung und Lösung der Probleme über Zeitmanagement, Planung,
und Durchführung des Handlungsvollzuges werden in **Band II** der **Reihe Sozialmanagement** aufgezeigt.

[66] Ein Kurzverfahren wird in Kap. 6.9 dargestellt.

[67] Dies entspricht dem Grundprinzip der „Hilfe zur Selbsthilfe", denn nur der Klient,
der seine eigenen Fähigkeiten zum Lösen von Problemen einsetzen kann, wird imstande sein, seine Situation zu verbessern, Ziele zu erreichen und somit Selbstvertrauen
zu entwickeln (vgl. Kap. 4.2.3).

In gleichem Maße wie die Problemlagen bei den Klienten zu erkennen und zu bearbeiten sind, müssen mögliche Probleme der Organisation Beachtung finden.

Soziale Arbeit zielt darauf ab, ...

Auch hier hat Soziale Arbeit
- die **Organisation** (mit ihren spezifischen Strukturen und Abläufen)
- ihre **sozialen** (und wirtschaftlichen, organisatorischen, wettbewerbsorientierten usw.) **Probleme**
- sowie die **Befindlichkeiten** der in ihr tätigen Menschen

zu bedenken und wirksam miteinander in Einklang zu bringen, damit eine

... den Handlungsspielraum von Organisationen zu erweitern.

- (Weiter-)Entwicklung
- Vermittlung
- Implementierung
- Stabilisierung

von Handlungsmöglichkeiten der Organisation erfolgt.

Probleme werden über das menschliche Empfinden deutlich.

Die vielschichtigen Problemlagen im Bereich der Sozialen Arbeit sind hierbei keine natürlichen Gegebenheiten, die in der Umwelt zu entdecken oder zu erforschen sind. Probleme werden erst durch subjektive menschliche Wahrnehmungs- und Beurteilungsprozesse – auf der Basis spezifischer individueller Wertvorstellungen – offensichtlich, wobei die Einschätzung einer Situation durch verschiedene Menschen höchst unterschiedlich ausfallen wird (vgl. ULRICH/PROBST 1991, S. 105).[68]

Wahrnehmung von Diskrepanzen ...

Das auslösende Moment für einen Problemlösungsprozess ist daher oftmals nur ein vages unbehagliches Gefühl, es sei etwas „nicht in Ordnung", oder es bahne sich eine ungünstige Entwicklung an, der entgegengewirkt werden müsse (vgl. ULRICH/PROBST 1991, S. 115).

Das (allmähliche) Entstehen von Problemen bzw. einer Problemsituation kann vom Einzelnen in verschiedenen Zusammenhängen festgestellt werden (vgl. ULRICH/PROBST 1991, S. 115 f.):

... in der Außenwelt ...

- Zum einen können in der Außenwelt tatsächliche Abweichungen (Diskrepanzen) von einer erwarteten oder erhofften Entwicklung beobachtet werden.

... und/oder der eigenen Vorstellungswelt

- Zum anderen ändern sich – situationsbedingt und zeitabhängig – die Wunschvorstellungen und Absichten beteiligter Personen darüber, wie etwas sein soll und wie nicht.

---

[68] Im Zielfindungsprozess für den Klienten müssen die Problemlagen deshalb aus unterschiedlichen Sichtweisen definiert werden (vgl. Kap. 4.5).

> „Wir leben in einer sich ständig ändernden Wirklichkeit, die wir von
> unseren Wertvorstellungen und Absichten aus, die sich möglicher-
> weise im Zeitablauf auch ändern, beurteilen.
>
> Fällt dieser Vergleich zu unserer Zufriedenheit aus, stehen Wunsch
> und Wirklichkeit in Einklang, und empfinden wir auch keine Signale,
> dass sich das ändern könnte, dann sind wir in der glücklichen Lage,
> 'kein Problem zu haben'.
>
> Besteht oder droht aber eine Diskrepanz, dann ist dies der Anlass,
> die Situation zu problematisieren.“
>
> (ULRICH/PROBST 1991, S. 116)

Ein Problemlösungsprozess ist – ganz allgemein gesprochen – immer darauf ausgerichtet, wahrgenommene Barrieren/Diskrepanzen zwischen
Wunsch und Wirklichkeit zu beseitigen. Dazu müssen die Betroffenen
einerseits ihre Wertvorstellungen, Absichten und bisherigen Ziele durch-
denken, möglicherweise neue, hinreichende Ziele setzen **und** andererseits
ein zutreffendes Bild von der realen Situation erarbeiten, in die zielgerichtet eingegriffen werden soll (vgl. ULRICH/PROBST, S. 116 f.).

**Problemlösen als
Beseitigung von
Diskrepanzen**

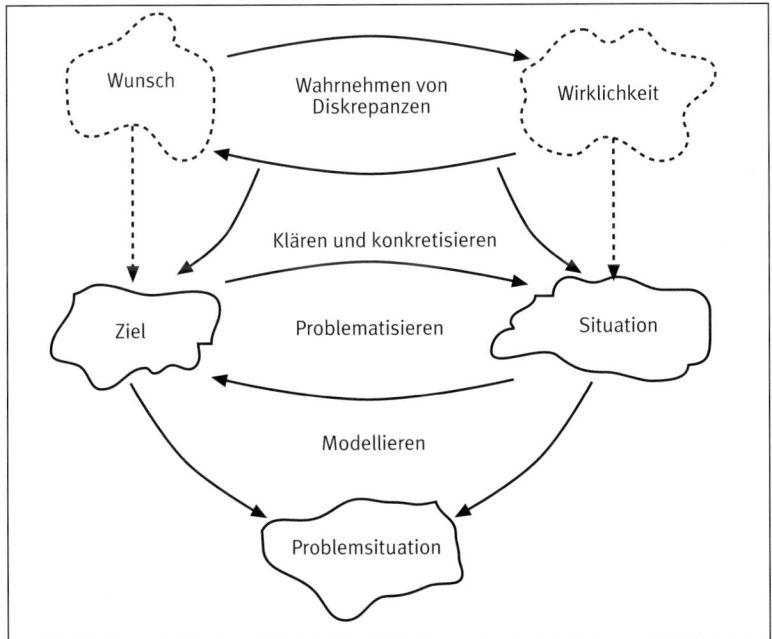

*Abb. 27: Entstehung eines Problemes
(Quelle: ULRICH/PROBST 1991, S.117)*

6.3.2 Sammlung von Informationen

Probleme werden oft nur beiläufig erkannt.

Nachdem das Erfassen von Problemen so stark an die menschliche Wahrnehmung gekoppelt ist, ist die Problemerkennung wohl eine der schwierigsten Phasen im gesamten Problemlösungsprozess. In der Regel werden Problemsituationen nicht systematisch und vorurteilsfrei analysiert, sondern häufig rein zufällig erfasst oder als Problemlagen interpretiert (vgl. STAEHLE 1991, S. 271).

Wahrnehmung von Veränderungen als primäre Aufgabe in der Organisation

Eine der vorrangigen Aufgaben in Organisationen – wie natürlich auch im privaten Bereich sowie im Umgang mit Klienten – ist deshalb die möglichst **frühzeitige** Aufnahme bedeutsamer Veränderungen mit ihren jeweiligen Chancen und Risiken und eine entsprechende Weiterverarbeitung aller relevanten Informationen (vgl. BRAUCHLIN/HEENE 1995, S. 247).

„Zeitschere"

Vor dem Hintergrund einer steigenden Dynamik und wachsenden Kompliziertheit der Rahmenbedingungen für die Soziale Arbeit nimmt die – an sich benötigte – Zeit für problemlösende Interventionen eher zu; gleichermaßen nimmt die tatsächlich verfügbare Reaktionszeit jedoch ab. Je umfassender also Daten erhoben werden können, desto effektiver wird eine problemadäquate Reaktion ausfallen können (vgl. BRAUCHLIN/HEENE 1995, S. 247).

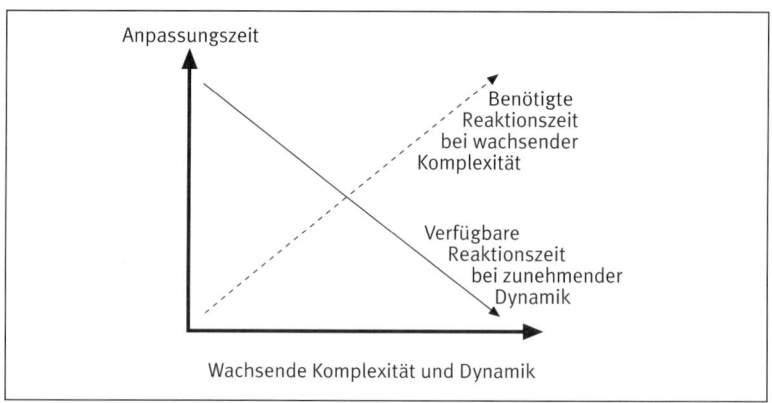

Abb. 28: Die Zeitschere
(*Quelle:* BRAUCHLIN/HEENE 1995, S. 248)

Dokumentation der Arbeit

Eine zweckmäßige Möglichkeit, die Sammlung von Informationen nachvollziehbar zu strukturieren, bietet die Einführung von transparenten Dokumentationssystemen für alle Aktivitäten innerhalb der Institution. So ist, um die Nachvollziehbarkeit aller Handlungsschritte zu gewährleisten, eine der Grundforderungen des Sozialmanagement das **Prinzip der Schriftlichkeit.**

> „Leider gibt es kein perfektes Dokumentationsverfahren, mit dem sich ohne großen Aufwand alle wichtige Ereignisse objektiv und umfassend festhalten ließen. Es geht immer darum, mit allen Beteiligten auszuhandeln, was gewünscht und was möglich ist."
>
> (MEINHOLD 1998, S. 44)

Interne Akten, Berichte, Protokolle usw. müssen regelmäßig dahingehend überprüft werden, ob und welche Diskrepanzen zwischen einem bereits gegebenen, zukünftig geplanten und/oder gewünschten Soll-Zustand und der gegenwärtigen Ist-Situation bestehen.[69]

6.3.3 Grobe Problemformulierung

Werden bei der Informationssammlung Abweichungen erkannt, muss als erster Arbeitsschritt der Problemlösung definiert werden, ob es sich um ein Abweichungs-, Planungs- oder Eventualitätsproblem handelt.

Die grobe Problemformulierung benennt zunächst Ist- und Soll-Zustand (entweder über Kennzahlen oder Beschreibungen der Zustände) sowie die gegebenen Diskrepanzen.

Gegenüberstellung Soll- und Ist-Zustand

Beispiel für eine grobe Problemformulierung

SOLL	IST	Diskrepanz
40	20	− 20

Zahlenbeispiel

SOLL	IST	Diskrepanz
Das Team arbeitet erfolgreich zusammen	Im Team gibt es häufig Konflikte	Eine erfolgreiche Zusammenarbeit ist nicht gegeben

Zustandbeschreibung

Die Problemlage und Diskrepanzen, die sich stellen, werden in einem standardisierten Vordruck kurz umrissen.

---

[69] Die fortlaufende Überprüfung und Kontrolle aufgezeichneter Arbeitsergebnisse ist ein wesentlicher Bestandteil der Qualitätssicherung (siehe Kap. 5.7.3; weiterführende Literaturhinweise in Kap. 7.2).

**Grobe Problem-
formulierung (KV I-44)**

SOLL	IST	Diskrepanz
Zeitlicher Rahmen:		

6.4 Differenzierte Problemanalyse

Nachdem das Problem erkannt und grob dargestellt wurde, ist unter Erfassung besonderer Ereignisse und der verschiedenen Dimensionen des Problemzusammenhangs eine Konkretisierung der Problembeschreibung vorzunehmen (vgl. Müller-Schöll/Priepke 1992, S. 63 f.).

Präzisierung der Problembeschreibung ...

Unter besonderen Ereignissen werden alle wichtigen Begebenheiten und Vorfälle verstanden, die Auswirkungen auf die Problematik hatten oder haben. Es wird versucht zu verdeutlichen und zu sammeln, was, wann, wo und wie zwischen Soll und Ist passiert ist.

... über besondere Ereignisse ...

Beim Abweichungsproblem liegen die besonderen Ereignisse in der Vergangenheit. So kann die Einstellung eines neuen Mitarbeiters im vorigen Jahr dazu geführt haben, dass sich das Arbeitsklima in der Gruppe verschlechtert hat. Beim Planungsproblem sind oftmals außergewöhnliche Umstände wie gesetzliche Neuregelungen der Anlass für einen Zielfindungsprozess und die Feststellung eines notwendigen, zukünftigen Soll-Zustandes. Eventualitätsprobleme berücksichtigen Konstellationen, die sich in Zukunft ergeben könnten.

Nach der Zusammenstellung besonderer Ereignisse wird die Vielschichtigkeit des Problems zusätzlich durch eine kritische Beleuchtung von Ebenen und Bereichen (Dimensionen), die Einfluss auf die Problemsituation haben, aufgegliedert. Fachliche Kompetenz der Mitarbeiter, Handlungsabläufe in der Organisation, Finanzen, Räumlichkeiten, zeitliche Bedingungen, Klientel usw. können als **Dimensionen** einer differenzierten Problemanalyse herangezogen werden.

... und Dimensionen

> **Besondere Ereignisse müssen konkret beobachtbar und mit einem ganz bestimmten Zeitpunkt verknüpfbar sein.**
>
> **Dimensionen sind Ordnungsgesichtspunkte, unter denen all das, was zur Problemenstehung beigetragen hat und sich nicht an besonderen Ereignissen festmachen lässt, niedergeschrieben wird.**

Es empfiehlt sich, zunächst alle betroffenen Dimensionen zusammenzutragen.[70] Dann werden für jeden Einzelbereich die jeweiligen Soll-Ist- Diskrepanzen geklärt.

Handlungsanweisung

Für die systematische Ausarbeitung der differenzierten Problemanalyse bietet sich das folgende Schema an:

---

[70] Im Team kann das über Techniken kreativer Teamarbeit wie Brainstorming geschehen. Hinweise zu dieser Kreativtechnik finden Sie im Anhang A 2.

**Differenzierte
Problemanalyse (KV I-45)**

Besondere Ereignisse:			
Dimensionen	SOLL	IST	Diskrepanz

> **Ergeben sich bei der differenzierten Problemanalyse eines Abweichungsproblems Hinweise auf negative Faktoren/Situationen im bereits schon einmal erreichten Soll-Zustand (z.B. die Einrichtung war und ist räumlich beengt), die zwar keinen Einfluss auf die aktuelle Problemsituation haben, aber dennoch verändert werden sollen, muss in diesem Bereich ein Zielfindungsprozess durchgeführt werden.**

Beispiel für eine differenzierte Problemanalyse

Zur Veranschaulichung werden die theoretischen Inhalte an dieser Stelle durch ein Beispiel unterstützt:

In einer Einrichtung ergab sich die folgende grobe Problemformulierung eines Abweichungsproblems:

SOLL	IST	Diskrepanz
1997	1999	
Das Team arbeitet erfolgreich zusammen	Im Team gibt es häufig Konflikte	Eine erfolgreiche Zusammenarbeit ist nicht gegeben

Besondere Ereignisse:			
– Die Einrichtung hat seit Mai 1998 einen neuen Leiter – Seit Juli 1998 haben in drei Positionen die Mitarbeiter gewechselt – Im September 1998 wurden neue, kleinere Räumlichkeiten bezogen – . . . – . . .			
Dimensionen	SOLL	IST	Diskrepanz
Personal a) Leiter b) Mitarbeiter A c) Mitarbeiter B	Erfahrener Leiter In Teamarbeit geübt Therapeutische Zusatzausbildung	Berufsanfänger In Teamarbeit geübt Keine Zusatzausbildung	fehlende Erfahrung – – – – – – unzureichende Qualifikation
Räumlichkeiten a) Größe b) Technische Ausstattung	3 x 25 qm 3 Telefone + 2 PCs	2 x 21 qm 2 Telefone + 1 PC	– 33 qm – 1 Telefon/– 1 PC
. . . .			
. . . .			

6.5 Problemdiagnose

Die nach besonderen Ereignissen und Dimensionen abgestufte differenzierte Problemanalyse lässt Rückschlüsse auf den Ursprung der Probleme (Diskrepanzen) zu. Aus der Kenntnis der Ursachen lassen sich Alternativen und Lösungsmöglichkeiten zur Beseitigung der Problemsituation aufzeigen.

Ermittlung der Ursachen . . .

Anhand der Erkenntnisse aus der differenzierten Problemanalyse muss nun versucht werden, die Ursachen für Diskrepanzen bei den besonderen Ereignissen und Dimensionen zu finden. Übertragen Sie alle Ergebnisse in das nachstehende Muster: [71]

. . . für Diskrepanzen

---

[71] Besondere Ereignisse werden nur in die Problemdiagnose übernommen, wenn sie Auswirkungen auf die Zukunft haben und beeinflussbar sind (z. B. die Teamleitung wechselt regelmäßig zwischen den Mitarbeitern der Arbeitsgruppe).

**Problemdiagnose
(KV I- 46)**

Besondere Ereignisse Dimensionen	Ursachen

6.6 Lösungsvorschläge

Kreative Sammlung von Lösungsalternativen

Nach der ursachenbezogenen Problemdiagnose (aus Kap. 6.5) sollen ohne Einschränkung möglichst kreativ und fantasievoll zahlreiche Lösungsmöglichkeiten entworfen und gesammelt werden, welche der Ursachenveränderung bzw. -beeinflussung und somit der Problembeseitigung dienen. Die Auswahl und Bewertung der Lösungsvorschläge erfolgt zu einem späteren Zeitpunkt (siehe Kap. 6.7).

**Problemdiagnose und Lösungsvorschläge
(KV I-47)**

Besondere Ereignisse Dimensionen	Ursachen	Lösungsvorschläge

Beispiel

Problemdiagnose und Lösungsvorschläge des in Kap. 6.4 ausgeführten Beispiels könnten wie folgt aussehen:

136

Besondere Ereignisse Dimensionen	Ursachen	Lösungsvorschläge
Personal a) Leiter	– Unzureichendes Auswahl- verfahren bei der Bewer- bung	– Entlassung des Leiters – Neues Auswahl-/ Bewerbungsverfahren – ...
	– Fehleinschätzung des ei- genen Leistungsvermö- gen beim Leiter	– Supervision – Besuch von Forbildungen – ...
b) Mitarbeiter A		
c) Mitarbeiter B	– fehlende finanzielle Mittel	– Einsparungen in anderen Bereichen – Zuschüsse beantragen – ...
	– keine Freistellung möglich	– zusätzliches Personal ein- stellen – ...
Räumlichkeiten a) Größe	– Räume werden von ande- ren genutzt	– Fremdnutzung beseitigen – ... – Zuschüsse beantragen – Erneute Verhandlung über Mietpreis
	– Mietpreise gestiegen	– ...
b) Technische Ausstattung	– keine Anschlussmöglich- keit für zusätzliches Telefon	– Anschluss legen lassen
	– ein PC defekt	– Reparatur – Neuanschaffung
....		

6.7 Entscheidungsfindung

6.7.1 Realisierbarkeitsprüfung

Die Fülle der Lösungsvorschläge ist auf tatsächliche Realisierbarkeit zu prüfen, um zu entscheiden, welche sinnvollen Ansätze zur Problembeseitigung in eine Planungsphase überführt werden können.[72]

Prüfung der Realisierbarkeit von Lösungsalternativen ...

Die Realisierbarkeitsprüfung, die für Zielfindungsprozesse genutzt wird (siehe Kap. 4 und Kap. 5), kann hier Anwendung finden. Jeder Lösungsvorschlag wird auf hemmende und fördernde Bedingungen untersucht.

... über hemmende und fördernde Bedingungen ...

---

[72] Zur Planung des Handlungsvollzuges siehe **Band II** der **Reihe Sozialmanagement.**

Sowohl tatsächlich gegebene als auch denkbare oder wünschenswerte Einflussfaktoren sind in einem Bedingungsspeicher zu erfassen.

Um möglichst gewissenhaft aufzuzeichnen, ist es ratsam, zunächst die hemmenden Bedingungen zu sammeln. Sie werden im Anschluss in fördernde Bedingungen umgewandelt und ergänzt.

Im nächsten Arbeitsgang wird dargestellt, ob die fördernden Umstände
- gegeben
- nicht gegeben, aber erreichbar (machbar)
- nicht gegeben und nicht erreichbar (machbar)

sind.

... unter Einbeziehung der Dimensionen

Um den Bedingungsspeicher zu strukturieren, sollten die verschiedenen Dimensionen (Personal, Finanzen, Zeit etc.) benutzt werden.[73]

Für die schriftliche Realisierbarkeitsprüfung kann dieser Vordruck eingesetzt werden:

Realisierbarkeitspürfung (KV I-48 und KV I-49)

Lösungsvorschläge: (LV)	Bedingungen		gegeben	nicht gegeben, aber machbar	nicht gegeben, nicht machbar
	hemmende /	fördernde			

Beispiel

Beispiel für eine Realisierbarkeitsprüfung der Lösungsvorschläge aus Kap. 6.6:

---

[73] Gegebenenfalls sind auch hier wieder die besonderen Ereignisse zu berücksichtigen.

Lösungsvorschläge: (LV)	Bedingungen hemmende	/ fördernde	gegeben	nicht gegeben, aber machbar	nicht gegeben, nicht machbar
LV 1	....	....	x x	x	x
(Mitarbeiter B) LV 2: Zuschüsse beantragen	keine Kostenträger gesetzliche Bestimmungen unflexibler Haushaltsplan	Kostenträger Sonder- regelungen flexibler Haushaltsplan .... Spenden	x x	x x x	
LV 3					
LV ..					

Ergibt eine Realisierbarkeitsprüfung, dass die Nicht-Erreichbarkeit von Bedingungen den Lösungsvorschlag insgesamt gefährdet, so ist zu erörtern, ob es sich dabei um notwendige Bedingungen handelt. Sollte sich dies bestätigen, ist der Lösungsvorschlag zurückzustellen oder zu modifizieren oder (in Ausnahmefällen) ganz zu verwerfen.[74]

Variabler Umgang mit Lösungsvorschlägen

Gerade in Organisationen wird die konstruktive Teamarbeit zur Problemdiagnose eine große Anzahl möglicher Lösungen erbringen. Um die Entscheidungsfindung übersichtlich und kontrollierbar zu gestalten, könnte es bereits vor der Realisierbarkeitsprüfung sinnvoll sein, sich auf einige wichtige Lösungsvorschläge zu beschränken. Eine Auswahl lässt sich beispielsweise über die demokratische Punktwahlmethode treffen.[75]

6.7.2 Bewertung der Lösungsvorschläge

Durch die Realisierbarkeitsprüfung werden Lösungsvorschläge bereits (numerisch) reduziert. Wenn für eine Möglichkeit viele fördernde Voraussetzungen vorliegen oder sich notwendige Bedingungen herstellen lassen, kann die Durchführung geplant werden.

Die verbleibenden Lösungsvorschläge müssen dennoch unter Umständen erst in eine Rangfolge gebracht werden, wenn sie von unterschiedlicher Qualität und/oder nicht alle gleichzeitig zu bearbeiten sind.

Prioritätensetzung über Matrixbewertung

---

[74] Für alle bisherigen Arbeitsschritte der differenzierten Problemdiagnose ist in der dem Buch beigelegten Diskette ein Gesamtschema beigefügt (KV I–50).

[75] Siehe Kap. 5.6.2.1.

Vorgehensweise bei der Matrixbewertung

Die Bewertung und Entscheidung im Team erfolgt am zweckmäßigsten über die Matrixbewertung (vgl. Müller-Schöll/Priepke 1992, S. 50 ff. und Kap. 5).

Die Lösungsvorschläge werden nach Kriterien (finanzielle Gesichtspunkte, personelle Bedingungen, gesetzliche Regelungen, Nutzen, Subjektivität usw.) beurteilt und verglichen, welche das Team im Vorfeld bestimmt. Die Kriterien sollten möglichst genau, konkret und unmissverständlich für die Gruppenmitglieder eingegrenzt werden. Entscheidungen fallen auf diese Art und Weise leichter und sind dabei nachvollziehbar und kontrollierbar.

Für jedes Kriterium wird eine Matrix angelegt. Jeder Lösungsvorschlag ist sowohl auf der horizontalen als auch auf der vertikalen Ebene einzutragen. Die Vergleichsebene ist die Horizontale. Spaltenweise werden je zwei Lösungsvorschläge miteinander verglichen. Der Lösungsgedanke, der unter dem Bewertungskriterium höherwertiger erscheint, erhält ein +, der Vorschlag, welcher weniger wichtig erscheint, ein –. Sind beide in etwa gleich wichtig, oder ist keine Entscheidung möglich, so erhalten beide Lösungen eine 0.

Die Matrixbewertung zeichnet über die Ergebniswerte eine Rangfolge der einzelnen Lösungsvorschläge aus. Der Ergebniswert wird über die Addition der Werte für + , 0 und – ermittelt. Der Lösungsvorschlag mit den meisten +-Eintragungen erhält den Rangplatz 1 usw.

Bei gleicher Anzahl +-Werte bekommt der Lösungsvorschlag mit weniger – -Werten den höheren Rangplatz zugeteilt. 0-Werte sind eher negativ zu sehen.

Matrix (KV I-51 und KV I-52)

Sollen mehr als vier Lösungsvorschläge verglichen werden, ist die Matrix zu erweitern (siehe auch Kopiervorlage *KV I-52*).

Handlungsanleitung …

Über das **optimale Mittel** werden die Lösungsalternativen einer Gesamtrangfolge zugeführt, wenn die Matrixbewertung noch keine eindeutige Entscheidungshilfe erbracht hat. Um eine exaktere Trennung in der Rangfolge zu erzielen, gibt es die Möglichkeit, einzelne Kriterien verschieden zu gewichten. Sind beispielsweise personelle Aspekte das relevante Kriterium für eine Auswahl, so können die Einzeleintragungen im Ergebniswert aus dieser Matrix mit 2 oder 3 multipliziert werden. Analog ändert sich der Gesamtergebniswert.

Tragen Sie die Ergebniswerte (+ / 0 / –) für jeden Lösungsvorschlag in die nachstehende Tabelle ein und zählen Sie in jeder horizontalen Spalte die Werte für + / 0 / – zusammen. Aus dem Gesamtergebniswert lässt sich die Rangfolge ablesen.

... für das optimale Mittel

Optimales Mittel (KV I-53 und KV I-54)

Ergebniswert Kriterium:	EW Kriterium			EW			EW			Gesamtergebniswert (GEW)			Rang-folge (RF)
	+	o	–	+	o	–	+	o	–	+	o	–	
LV 1													
LV 2													
LV 3													
LV ..													

Zur Verdeutlichung des komplexen Bewertungverfahrens über Matrix und optimales Mittel sei an dieser Stelle auf das Zahlenbeispiel in Kap. 5 verwiesen; der Begriff *Ziel* ist durch *Lösungsvorschlag* zu ersetzen.

6.8 Phasenmodell der Problemlösung

Neben dem geschilderten Ablaufmodell finden sich in der Literatur eine Reihe ähnlicher Darstellungen des Problemlösungsprozesses. Ergänzend zu den bisherigen Ausführungen soll hier kurz ein Phasenmodell der Problemlösung vorgestellt werden (vgl. STAEHLE 1991, S. 268 ff.):[76]

Phasenmodell als alternative Technik der Problemlösung

Dem Phasenmodell liegt die Erkenntnis zugrunde, „daß sich fast alle realen Probleme in mehr oder weniger kleine Teilprobleme bis hin zu Elementarproblemen aufspalten lassen" (STAEHLE 1991, S. 270).

Grundannahmen

Der eigentliche Problemlösungsprozess wird als Makro-Prozess begriffen, der von Mikro-Prozessen (vor allem kognitive Leistungen) auf Seiten der beteiligten Personen begleitet ist. Das lineare Ablaufschema kann für gewöhnlich nicht mit einer einmaligen Durchführung der einzelnen Pha-

---

[76] Das Phasenmodell bietet keine wesentlichen neuen Erkenntnisse. Es ist angeführt, um mit der Begrifflichkeit anderer Autoren vertraut zu machen. Literaturempfehlungen zum Thema Problem finden Sie unter Kap. 6.11; weiterführende Literaturhinweise sind in Kap. 7.2 enthalten.

sen abgeschlossen werden. Vor allem schlecht strukturierte Problemlagen erfordern immer wieder Rückschritte in einzelne Arbeitsgänge.

Verlauf

Das Phasenmodell beginnt mit der Problemerkenntnis als der wichtigsten und zugleich schwierigsten Phase. Die Ausgangssituation muss möglichst genau interpretiert werden, um den Problemlösungsprozess erfolgreich abzuschließen.

In der Phase der Problemdefinition wird versucht, das Problem nach Inhalt und Umfang genau zu analysieren. Dazu ist es erforderlich, alle relevanten Informationen zu sammeln und erste Ursachen- und Wirkungszusammenhänge zu bilden.

Nun werden kreativ, innovativ und differenziert Lösungsalternativen gebildet. Die Bewertungs- und Auswahlphase schließt sich an die umfassende Sammlung der Alternativen an. Den Techniken der kreativen Teamarbeit kommt dabei eine wichtige Bedeutung zu.[77]

Der Problemlösungsprozess endet mit der Durchführungsphase. Eine Kontrolle der erreichten Ergebnisse soll gewährleisten, dass die Problemsituation tatsächlich beseitigt wurde. Ist das Problem nicht gelöst, muss der gesamte Vorgang wiederholt werden.

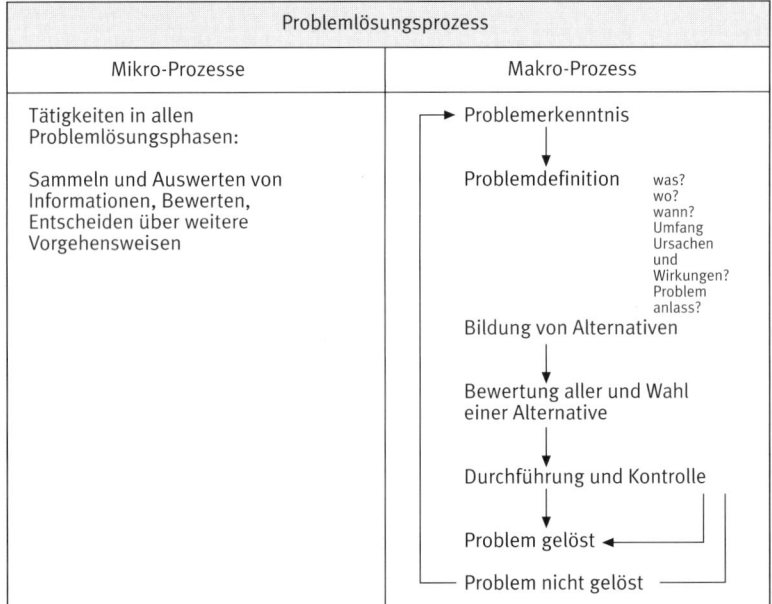

*Abb. 29: Schema des Problemlösungsprozesses
(Quelle: Staehle 1991, S. 270)*

---

[77] Siehe hierzu exemplarische Beispiele im Anhang, A 2.

6.9 Kurzverfahren

Die Problemlösungsverfahren, die bisher beschrieben wurden, sind sehr zeitaufwendig, aber auch entsprechend effizient. Ist es angebracht, schnell auf eine Problemsituation zu reagieren, muss das Verfahren zwangsläufig abgekürzt werden. Auch hier ist wichtig, in systematischen, logisch aufeinander folgenden Einzelschritten vorzugehen:

Kurzverfahren zur schnellen Problemlösung

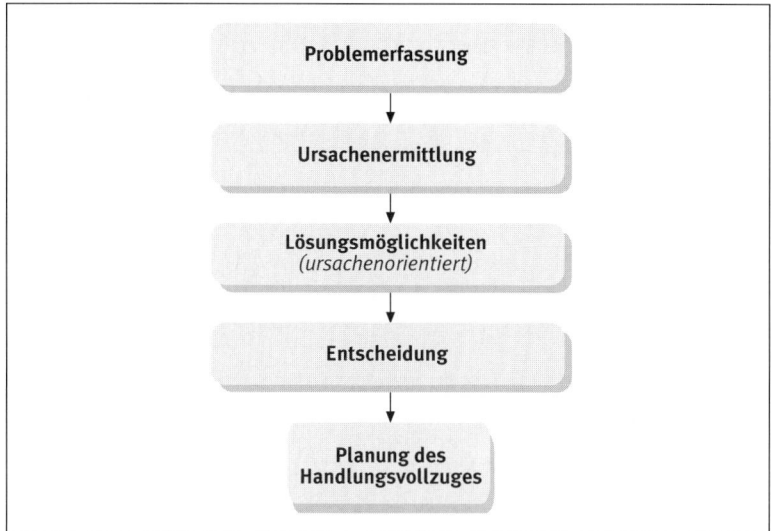

Abb. 30: *Ablaufschema des Kurzverfahrens*

Zunächst wird durch die Zusammenstellung aller vorliegenden Informationen versucht, das Problem schriftlich zu formulieren. Nun sind die ersichtlichen und angenommenen Ursachen zu benennen und Lösungsmöglichkeiten zu entwerfen.

Verfahrensweise mittels ...

Im Team eignet sich die **SIL-Methode** (Sukzessive Integration von Lösungsmöglichkeiten), um kreativ und wenig zeitaufwendig Lösungsvorschläge zu sammeln. Jedes Gruppenmitglied notiert vorerst seine eigenen Lösungsideen. Ein Beteiligter beginnt mit dem Vortrag seiner Gedanken, dann erläutert der nächste Teilnehmer seine Lösung. Aus den zwei Vorschlägen wird eine Version entwickelt, die möglichst die Vorzüge der beiden enthält.

... der SIL-Methode

Mit dem dritten (vierten usw.) Lösungsvorschlag ist in gleicher Weise zu verfahren. Wenn eine Idee in allen Belangen schlechter ist, braucht sie nicht integriert zu werden. Eine Lösung, die in allen Punkten besser ist, wird vollständig übernommen. Die jeweils gefundenen Lösungen werden für alle Beteiligten sichtbar notiert.

Nach der Sammlung von ursachenorientierten Lösungsmöglichkeiten muss eine Entscheidung fallen, welche Lösungen am sinnvollsten zu verfolgen sind. Eine grobe Erfassung hemmender und fördernder Bedingungen kann eine Entscheidungsfindung erleichtern.

Durch die Aufzeichnung aller Ideen zum Problemlösungsprozess ist eine spätere Nachvollziehbarkeit und die Korrektur von Fehlern möglich.

Im Kurzverfahren können Sie diesen Vordruck einsetzen:

Kurzverfahren zur Problemlösung (KV I-55)

Problemerfassung			
Ursachen:	Lösungsvorschläge:	Bedingungen: hemmende/fördernde	Planung JA / NEIN

6.10 Kontrolle der Problemlösung

In gleicher Weise wie die Zielerreichung muss auch die Wirksamkeit der in Problemlösungsprozessen erarbeiteten Lösungsmodelle zur Behebung von Schwierigkeiten und Konflikten
- während des Handlungsvollzugs mit konsequenter Kontrolle begleitet
- sowie nach der Durchführungsphase abschließend beurteilt werden.[78]

Dies kann einerseits anhand des folgenden Fragenkataloges geschehen:

---

[78] Die Darstellung verschiedener Kontrollverfahren ist Bestandteil von Band II der Reihe Sozialmanagement: Zeitmanagement, Planung und Kontrolle des Handlungsvollzuges.

1. Welche Probleme konnten gelöst werden? Welche Problem erscheinen zum jetzigen Zeitpunkt lösbar?	**Fragenkatalog zum Erfolg der Problemlösung (KV I-56)**
2. Anhand welcher Tatsachen/Fakten/Ergebnisse kann dies belegt werden?	
3. Welche Probleme konnten nur teilweise gelöst werden? Welche Probleme sind derzeit noch nicht vollständig beseitigt?	
4. Warum ist (bisher) keine vollständige Umsetzung der Lösungsvorschläge gelungen?	
5. Welche weiteren Anstrengungen sind notwendig, um die Problemlagen dennoch zu beseitigen?	
6. Welche Problemlagen konnten (bislang) noch überhaupt nicht verbessert werden?	
7. Welche Ursachen gibt es für Erfolge?	
8. Welche Ursachen gibt es für Misserfolge?	
9. Welche (positiven wie negativen) Konsequenzen sind für das weitere Vorgehen in diesem Handlungsvollzug bzw. für zukünftige Problemlösungsprozesse zu ziehen?	

Zusätzlich bzw. alternativ zur gezeigten Reflexion kann ein standardisiertes Formblatt zur Effektivitätsprüfung verwendet werden.

Effektivitätsprüfung – Problemlösung (KV I-57)

Problem-situation/ Diskrepanz	Beseitigt	Teilweise beseitigt	Nicht beseitigt	Warum nicht oder nur teilweise beseitigt?	Konsequenzen

In der Checkliste werde alle in der Phase der differenzierten Problemanalyse herausgearbeiteten Problemlagen bzw. Problemsituationen dahingehend untersucht, ob die festgestellten Diskrepanzen zwischen Soll- und Ist-Zustand „beseitigt", „teilweise beseitigt" oder „nicht beseitigt" werden konnten.

Eine besondere Bedeutung – vor allem im Sinne der Korrigierbarkeit – kommt hier der detaillierten Auseinandersetzung mit den Punkten „warum nicht beseitigt?" und „Konsequenzen" zu.

6.11 Literaturempfehlungen

- Brauchlin, Emil / Heene Robert: Problemlösungs- und Entscheidungsmethodik – Eine Einführung, 4. Auflage, Bern 1995
- Dörner, Dietrich: Die Logik des Misslingens – Strategisches Denken in komplexen Situationen, Reinbek bei Hamburg 1992
- Müller-Schöll, Albrecht / Priepke, Manfred: Sozialmanagement – Zur Förderung systematischen Entscheidens, Planens, Organisierens, Führens und Kontrollierens in Gruppen, 3. Auflage, Neuwied 1992
- Preiser, Siegfried: Zielorientiertes Handeln, Heidelberg 1989
- Ulrich, Hans / Probst, Gilbert J.B: Anleitung zum ganzheitlichen Denken und Handeln, 3. Auflage, Bern 1991

7 Literaturnachweis

7.1 Verwendete Literatur

BAMBECK, JOERN J.:
Persönlichkeits-Struktur-Test, Frankfurt am Main 1993

BANG, RUTH:
Psychologische und methodische Grundlagen der Einzelfallhilfe, 4. Auflage, München 1968

BASSARAK, HERBERT (HRSG.):
Modernisierung Kommunaler Sozialverwaltungen und der Sozialen Dienste, Düsseldorf 1997

BASSARAK, HERBERT / WÜBBEKE, MARK:
Modernisierung kommunaler Sozialverwaltungen durch Leitbilder, in: BASSARAK 1997

BISANI, FRITZ:
Personalwesen und Personalführung – Der State of the Art der betrieblichen Personalarbeit, 4. vollständig überarbeitete und erweiterte Auflage, Wiesbaden 1995

BOBZIEN, MONIKA / STARK, WOLFGANG / STRAUS, FLORIAN:
Qualitätsmanagement, Alling 1996

BOER, JO / UTERMANN, KURT:
Gemeinwesenarbeit, Stuttgart 1970

BOSKAMP, PETER / KNAPP, RUDOLF (HRSG.):
Führung und Leitung in sozialen Organisationen – Handlungsorientierte Ansätze für neue Managementkompetenz, Neuwied 1996

BRAUCHLIN, EMIL / HEENE, ROBERT:
Problemlösungs- und Entscheidungsmethodik – Eine Einführung, 4. vollständig überarbeitete Auflage, Bern 1995

DECKER, FRANZ:
Effizientes Management für soziale Organisationen, Landsberg/Lech 1992

DECKER, FRANZ:
Das große Handbuch Management für soziale Organisationen, Landsberg/Lech 1997

DEUTSCHER CARITASVERBAND (HRSG.):
Zeit für ein Leitbild, Freiburg im Breisgau 1994

DEUTSCHER VEREIN FÜR ÖFFENTLICHE UND PRIVATE FÜRSORGE (HRSG.):
Nachrichtendienst – Ausgabe August, Frankfurt am Main 1995

DEUTSCHER VEREIN FÜR ÖFFENTLICHE UND PRIVATE FÜRSORGE (HRSG.):
Fachlexikon der sozialen Arbeit, 4. vollständig überarbeitete Auflage, Frankfurt am Main 1997

DÖRNER, DIETRICH:
Problemlösen als Informationsverarbeitung, Stuttgart 1979, in: HEINER 1988

DÖRNER, DIETRICH / REITHER, FRANZ / STÄUDEL, THEA:
Emotion und problemlösendes Denken, München 1983, in: HEINER 1988

ENGELHARDT, HANS-DIETRICH:
Organisationsmodelle – Ihre Stärken – Ihre Schwächen, Alling 1995

ENGELHARDT, HANS-DIETRICH / GRAF, PEDRO / SCHWARZ, GOTTHART:
Organisationsentwicklung, Alling 1996

FERGUSON, L.R.:
Personality development, Belmont 1970, in: ZIMBARDO 1983

FRENCH, WENDELL L. / BELL JR., CECIL H.:
Organisationsentwicklung, 3. Auflage, Bern 1990

GEHRMANN, GERD / MÜLLER, KLAUS D.:
Management in sozialen Organisationen – Handbuch für die Praxis Sozialer Arbeit, Berlin 1993

GRAF, GERHARD:
Unveröffentlichtes Vorlesungsmanuskript im Fach Psychologie, Fachhochschule Coburg, Wintersemester 1990/1991

GRAF, PEDRO:
Konzeptentwicklung, 2. überarbeitete Auflage, Alling 1996

HACKNEY, HAROLD / CORMIER, L. SHERYLIN:
Beratungsstrategien, Beratungsziele, 2. Auflage, München 1982

HALLER, SABINE:
Beurteilung von Dienstleistungsqualität – Dynamische Betrachtung des Qualitätsurteils im Weiterbildungsbereich, 2. aktualisierte Auflage, Wiesbaden 1998

HEINER, MAJA (HRSG.):
Selbstevaluation in der sozialen Arbeit – Fallbeispiele zur Dokumentation und Reflexion beruflichen Handelns, Freiburg im Breisgau 1988

HEINER, MAJA / MEINHOLD, MARIANNE / VON SPIEGEL, HILTRUD / STAUB-BERNASCONI, SILVIA:
Methodisches Handeln in der Sozialen Arbeit, Freiburg im Breisgau 1994

HELFRECHT, MANFRED:
Helfrecht-Planungssystem, Bad Alexandersbad 1986

HORAK, CHRISTIAN:
Controlling in Nonprofit-Organisationen – Erfolgsfaktoren und Instrumente, 2. Auflage, Wiesbaden 1995

JÄGER, ALFRED:
Hard- und Softmanagement im sozialen Unternehmen, in: BOSKAMP/KNAPP 1996

KIESER, ALFRED / KUBICEK, HERBERT:
Organisation, 3. völlig neu bearbeitete Auflage, Berlin, 1992

KIESSLING, WALDEMAR F. / SPANNAGL, PETER:
Corporate Identity, Alling 1996

KEUPP, HEINER / RÖHRLE, BERND (HRSG.):
Soziale Netzwerke, Frankfurt am Main 1987

KONOPKA, GISELA:
Soziale Gruppenarbeit, 2. Auflage, Weinheim 1969

LOTMAR, PAULA / TONDEUR, EDMOND:
Führen in sozialen Organisationen – Ein Buch zum Nachdenken und Handeln, 4. Auflage, Bern 1994

MAYNTZ, RENATE:
Soziologie der Organisation, 7. Auflage, Reinbek bei Hamburg 1974

MILLS, THEODORE M.:
Soziologie der Gruppe, München 1969

MEINHOLD, MARIANNE:
Qualitätssicherung und Qualitätsmanagement in der sozialen Arbeit – Einführung und Arbeitshilfen, 3. ergänzte Auflage, Freiburg im Breisgau 1998

MÜLLENSIEFEN, DIETMAR:
„Neue Fachlichkeit" in der sozialen Arbeit: Nur ein neues Etikett oder ein verheißungsvoller Paradigmenwechsel – Referat, Frankfurt am Main 1993, in: BASSARAK 1997

MÜLLER-SCHÖLL, ALBRECHT / PRIEPKE, MANFRED:
Sozialmanagement – Zur Förderung systematischen Entscheidens, Planens, Organisierens, Führens und Kontrollierens in Gruppen, 3. Auflage, Neuwied 1992

PERLMAN, HELEN H.:
Soziale Einzelfallhilfe als problemlösender Prozeß, Freiburg im Breisgau 1969

PORTER, L.W. / LAWLER III, E.E. / HACKMAN, J.R.:
Behavior in organizations, New York 1975, in: STAEHLE 1991

PREISER, SIEGFRIED:
Zielorientiertes Handeln – Ein Trainingsprogramm zur Selbstkontrolle, Heidelberg 1989

PRILLER, JOHANN:
Anamnese, Exploration – Psychosoziale Diagnose, Sankt Augustin 1996

PUCH, HANS-JOACHIM:
Organisation im Sozialbereich – Eine Einführung für soziale Berufe, Freiburg im Breisgau 1994

ROGERS, CARL R.:
Therapeut und Klient, Frankfurt am Main 1990

ROSNER, LUDWIG:
Persönlichkeitsanalyse und Beurteilung von Bewerbern und Mitarbeitern, Landsberg/Lech 1985

ROSS, MURRAY G.:
Gemeinwesenarbeit, Freiburg 1968

RÜHLI, EDWIN:
Unternehmensführung und Unternehmenspolitik – Band 2, 2. überarbeitete Auflage, Bern 1988

SCHENK, CHRISTOPH:
Stress bewältigen durch Entspannung, Niederhausen 1986

SCHILLER, HEINRICH:
Gruppenpädagogik als Methode der Sozialarbeit, 2. Auflage, Wiesbaden-Dotzheim 1966

JOSEF SCHMIDT COLLEG:
Ich gestalte meine Zukunft, Bayreuth 1988

SCHWARZ, PETER:
Braucht der Deutsche Caritasverband ein Leitbild?, in: DEUTSCHER CARITASVERBAND 1994

SCHWARZ, PETER:
Management in Nonprofit Organisationen – Eine Führungs-, Organisations- und Planungslehre für Verbände, Sozialwerke, Vereine, Kirchen, Parteien usw., 2. aktualisierte Auflage, Bern 1996

SEIDEL, ECKHARD:
Zeitstreß – ade!, 8. Auflage, Bad Alexandersbad 1990

SEIWERT, LOTHAR J.:
Mehr Zeit für das Wesentliche – Besseres Zeitmanagement mit der Seiwert-Methode, 15. durchgesehene Auflage, Landsberg/Lech 1993

STAEHLE, WOLFGANG:
Management – Eine verhaltenswissenschaftliche Perspektive, 6. Auflage, München 1991

STEINER, CLAUDE:
Wie man Lebenspläne verändert – Die Arbeit mit Skripts in der Transaktionsanalyse, 4. Auflage, Paderborn 1985

ULRICH, HANS / PROBST, GILBERT J.B:
Anleitung zum ganzheitlichen Denken und Handeln, 3. Auflage, Bern 1991

ULRICH, WERNER:
Kreativitätsförderung in der Unternehmung, Bern 1975, in: DECKER 1992

Welge, Martin K.:
Unternehmungsführung Band 2: Organisation, Stuttgart 1987

Wendt, Wolf Rainer (Hrsg.):
Unterstützung fallweise – Case Management in der sozialen Arbeit, Freiburg im Breisgau 1991

Whittlesey, Marietta:
Stress – Der Umgang mit Streßsituationen / Techniken zur Streßreduzierung / Hilfen bei Streßkrankheiten, München 1989

Zimbardo, Philip G.:
Psychologie, 4. Auflage, Berlin 1983

7.2 Weiterführende Literatur

Bambeck, Joern J.:
Persönlichkeits-Struktur-Analyse, Speyer 1992

Belardi, Nando (Hrsg.):
Didaktik und Methodik sozialer Arbeit, Frankfurt am Main 1980

Belardi, Nando:
Supervision – Eine Einführung für soziale Berufe, 2. aktualisierte Auflage, Freiburg im Breisgau 1998

Biermann-Ratjen, Eva / Eckert, Jochen / Schwartz, Hans-Joachim:
Gesprächspsychotherapie – Verändern durch Verstehen, 5. Auflage, Stuttgart 1989

Bosch, Manfred / Bamberg, Hans-Dieter (Hrsg.):
Handbuch Gruppenarbeit, München 1975

Bruhn, Manfred:
Qualitätsmanagement für Dienstleistungen – Grundlagen, Konzepte, Methoden, 2. überarbeitete und erweiterte Auflage, Berlin 1997

Crisand, Ekkehard / Lyon, Ursula:
Anti-Streß–Training, 2. Auflage, Heidelberg 1991

DiSG-Trainings-Unterlagen:
Persönlichkeitsprofil – Zur Selbstauswertung mit Tips für die Anwendung, 3. Auflage, Mainz 1992

Dörner, Dietrich (Hrsg.):
Psychologie – Eine Einführung in ihre Grundlagen und Anwendungsfelder, Stuttgart 1985

Dörner, Dietrich:
Die Logik des Mißlingens – Strategisches Denken in komplexen Situationen, Reinbek bei Hamburg 1992

Etzioni, Amitai:
Soziologie der Organisationen, 2. Auflage, München 1969

FISCHER, THEO:
Das Buch der Selbstfindung – Von der unverzichtbaren Hinwendung zur Realität, Genf 1993

FONTANA, DAVID:
Kursbuch Meditation, Bern 1994

GAWLER, IAN:
Die Mitte finden, Bern 1993

GIRSCHNER, WALTER:
Theorie sozialer Organisationen, München 1990

GRAICHEN, WINFRIED U. / SEIWERT, LOTHAR J.:
Das ABC der Arbeitsfreude, 2. Auflage, München 1992

HAUSER, EDUARD:
Selbstentwicklung, Zürich 1982

HEINER, MAJA (HRSG.):
Qualitätsentwicklung durch Evaluation, Freiburg im Breisgau 1996

HENTZE, JOACHIM / BROSE, PETER:
Unternehmungsplanung, 2. Auflage, Bern 1993

HELFRECHT, MANFRED / WEHNER, ERNST-WALTER:
Planen – handeln – Zukunft sichern, Bad Alexandersbad 1985

HELFRECHT, MANFRED / WEHNER, ERNST-WALTER:
Planen, damit's leichter geht – Teil I: Sie können Ihr Leben selbst bestimmen, 3. Auflage, Bad Alexandersbad 1990

HELFRECHT, MANFRED / WEHNER, ERNST-WALTER:
Planen, damit's leichter geht – Teil II: Wie Sie Ziele erreichen und Probleme lösen, 3. Auflage, Bad Alexandersbad 1990

HELFRECHT, MANFRED / WEHNER, ERNST-WALTER:
Vom Wert des Planens, 7. Auflage, Bad Alexandersbad 1991

HILL, WILHELM / FEHLBAUM, RAYMOND / ULRICH, PETER:
Organisationslehre 1, 5. Auflage, Bern 1994

HUTH, ALMUTH / HUTH, WERNER:
Meditation, 2. Auflage, München 1989

LAUTENSCHLÄGER, FRANZ:
Wellness für Manager – Gesund durch die giftigen Jahre, München 1989

LUTZ, RAINER:
Das verhaltensdiagnostische Interwiew, Stuttgart 1978

MAYER, RICHARD E.:
Denken und Problemlösen, Berlin 1979

MAYNTZ, RENATE (HRSG.):
Bürokratische Organisation, Köln 1968

NAGEL, KURT:
Erfolg durch effizientes Arbeiten, Entscheiden, Vermitteln und Lernen, 4. Auflage, München 1990

PAULS, HELMUT:
Lehrbrief: Beratung und Gesprächsführung im Praktikum, Coburg 1990

REINERS-KRÖNCKE, WERNER:
Hilfen für die praktischen Studiensemester, 3. Auflage, Coburg 1992

RÜHLI, EDWIN:
Unternehmungsführung und Unternehmenspolitik – Band 1, 2. Auflage, Bern 1985

SATTELBERGER, THOMAS (HRSG.):
Die lernende Organisation – Konzepte für eine neue Qualität der Unternehmensentwicklung, 3. Auflage, Wiesbaden 1996

SCHILLING, JOHANNES:
Didaktik/Methodik der Sozialpädagogik, 2. überarbeitete Auflage, Neuwied 1995

SCHMIDT, JOSEF / WOLLNER, HILLMAR:
Zeitsouveränität, 2. Auflage, München 1988

SCHWARZ, GOTTHART:
Sozialmanagement, München 1994

SELYE, HANS:
Streß, 2. Auflage, München 1988

SENGE, PETER M.:
Die fünfte Disziplin – Kunst und Praxis der lernenden Organisation, 5. Auflage, Stuttgart 1996

STAEHLE, WOLFGANG H.:
Funktionen des Managements, 3. Auflage, Bern 1992

ULRICH, PETER / FLURI, EDGAR:
Management, 6. Auflage, Bern 1992

VAITL, DIETER / PETERMANN, FRANZ:
Handbuch der Entspannungsverfahren – Band 1: Grundlagen und Methoden, Weinheim 1993

VAITL, DIETER / PETERMANN, FRANZ:
Handbuch der Entspannungsverfahren – Band 2: Anwendungen, Weinheim 1994

VESTER, FREDERIC:
Phänomen Streß, 13. Auflage, München 1993

VOGLER, PETER:
Entbürokratisierung von Unternehmen, Köln 1989

WAGNER, ABE:
Besser führen mit Transaktionsanalyse, 2. Auflage, Wiesbaden 1992

WEINBERGER, SABINE:
Klientenzentrierte Gesprächsführung, 4. Auflage, Weinheim 1990

WEINSCHENK, REINHOLD:
Didaktik und Methodik für Sozialpädagogen, 2. Auflage, Bad Heilbronn 1981

WENDLANDT, WOLFGANG:
Entspannung im Alltag, Weinheim 1992

WILDENMANN, BERND:
Professionell führen, 2. Auflage, Neuwied 1995

WINKLER, WOLFGANG:
Die Struktur der Persönlichkeit, München 1993

8 Abbildungsverzeichnis

Man muß das Viele vergessen,
um des Wichtigen willen.
RAINER MARIA RILKE

Anhang

A 1 Zu den Techniken des Sozialmanagements

In den Kapiteln
- 2 Selbstfindung
- 3 Persönliche Zielfindung
- 4 Zielfindung für den Klienten und
- 5 Zielfindung für die Organisation
- 6 Methoden systematischer Problemlösung

wird ein Instrumentarium vorgestellt, welches sowohl für die Tätigkeit in sozialen Organisationen als auch für den persönlichen Bereich eingesetzt werden kann. Die idealtypisch gezeigten theoretischen Grundlagen und praktischen Vorgehensweisen können je nach Anspruch des Einzelnen oder der Institution ausgewählt werden. Darüber hinaus besteht die Möglichkeit, für jedes Vorhaben einzelne Verfahren individuell zu kombinieren und/oder zu nivellieren.

Einführende Vorbemerkungen

Um vorhandenes Potenzial der Mitarbeiter sozialer Unternehmen optimal für eine erfolgreiche Arbeit nutzen zu können, gibt es eine Vielzahl kreativer Methoden. Zur Verdeutlichung spezieller Inhalte sind einige dieser Techniken bereits an geeigneter Stelle erklärt worden.

So wurde
- die **demokratische Punktwahlmethode** in Kap. 5.6.2.1
- die **Matrixbewertung** in Kap. 5.6.2.2 und Kap. 6.7.2
- die **SIL-Methode** in Kap. 6.10
erläutert.

Bereits beschriebene Techniken

In diesem Anhang werden weitere, aus Sicht der Autoren wichtige *Kreativtechniken* kurz skizziert.[79] Die besonders zu beachtenden Regeln eines jeden Verfahren werden dargelegt. Zur Veranschaulichung dient jeweils ein Beispiel.

Kreativtechniken

Da auch Phasen der Ruhe und Erholung neue Energien freisetzen können, sind neben den kreativen Maßnahmen auch verschiedene *Entspannungstechniken* aufgezeigt. Hier muss jeder Einzelne für sich herausfinden, welche der Angebote für seine Persönlichkeit geeignet sind. Es ist wünschenswert, sich intensiv mit der ausgewählten Methode zu befassen und gegebenenfalls entsprechende Kurse (VHS, Bildungswerke, Sportvereine usw.) zu belegen oder Fachkräfte zu Rate zu ziehen.

Entspannungstechniken

---

[79] Weitere kreative Techniken werden in den folgenden Bänden der **Reihe Sozialmanagement** vorgestellt.

Kommunikationsübungen Die Vorstellung einiger *Kommunikationsübungen* soll schließlich dazu dienen, den Informationsaustausch und die wechselseitigen mitmenschlichen Beziehungen zwischen Kollegen, im Team, bei Arbeitsgruppen oder Seminarsituationen zu fördern. Die Anwendung bzw. Umsetzung der Übungen bietet die Möglichkeit, sich besser kennen zu lernen und schwierige Themengebiete offener zu behandeln.[80]

> **Der Einsatz von Kreativtechniken, Entspannungs- und Kommunikationsübungen setzt voraus, dass der Dozent oder Gruppenleiter über angemessene fachliche Kompetenz verfügt.**
>
> **Allen Beteiligten müssen im Vorfeld einer Anwendung ausreichende Erklärungen zum Verständnis und zur Vorgehensweise gegeben werden.**

Wie bei den Kreativtechniken geben die Autoren auch bei den Entspannungs- und Kommunikationsübungen lediglich einleitende Hinweise zur Handhabung und mögliche Verbindungen zur praktischen Arbeit.

Die Erörterung aller nachfolgenden Methoden erhebt keinen Anspruch auf Vollständigkeit. Die Auflistung soll den Leser zu einer intensiveren Auseinandersetzung mit den für ihn oder die Institution sinnvoll erscheinenden Inhalte veranlassen. Verwiesen sei an dieser Stelle vor allem auf die weiteren Bände der **Reihe Sozialmanagement** und weiterführende Literaturempfehlungen am Ende dieses Anhanges (s. Kap. A 5.2).

A 2 Kreative Methoden

A 2.1 Brainstorming

In sozialen Organisationen werden vielfältige Aufgaben, Probleme und Projekte in Teambesprechungen bearbeitet. Für das umfassende Zusammentragen produktiver Impulse und Lösungsansätze der beteiligten Mitarbeiter empfiehlt sich der Einsatz des Brainstorming.

Definition: Brainstorming Unter Brainstorming („Gehirnsturm") ist eine spontane Ideensammlung zu verstehen, bei der jeder Teilnehmer spontan seine Vorstellungen äußern kann, ohne kritische Anmerkungen von anderen Gruppenteilnehmern erwarten zu müssen. Ziel der Methode ist, das vorhandene kreative Potenzial der Mitarbeiter in Lösungsprozesse einfließen zu lassen (vgl. BRAUCHLIN/HEENE 1995, S. 199 ff.).

---

[80] Gerade für die Arbeit in und mit Gruppen existieren eine Reihe von Interaktions- und Kommunikationsspielen mit entsprechender Zielsetzungen wie Kennenlernen, Vertrauen schaffen, usw. Auf die Vielzahl und Vielfalt solcher Übungen kann im Rahmen dieses Buches nicht näher eingegangen werden. Verwiesen sei hier auf Literaturhinweise am Ende dieses Anhangs, Kap. A 5.2.

Um ein besonders effektives Ergebnis zu erreichen, ist es notwendig, Sitzungen und Gespräche gründlich vorzubereiten.[81] Darüber hinaus sind folgende Regeln zu beachten:

Prinzipien und Vorgehensweise beim Brainstorming

1. Die Teilnahme an den Besprechungen sollte freiwillig sein und darf auf keinen Fall erzwungen werden.

2. Die Gruppengröße umfasst im Idealfall vier bis acht Mitglieder.

3. Je nach Bedeutung des Problems, Projektes etc. sollte für die Arbeitsphase eine Dauer von 10 bis 30 Minuten einkalkuliert werden.

4. Der Gruppenleiter muss die Problem- bzw. Aufgabenstellung klar und präzise formulieren, so dass dieses für alle Beteiligten gleichermaßen verständlich wird.[82]

5. Je nach Stellenwert und Zielsetzung der Teamarbeit (Lösen einer vielschichtigen Schwierigkeit oder schnelles Feststellen von Gruppenbedürfnissen) muss das Thema rechtzeitig (bei komplexen Problemen ca. zwei Tage vor der Sitzung) bekannt gegeben werden.

6. Während der Teamsitzung sollten Störfaktoren (Telefonate, Besucher usw.) weitestgehend ausgeschaltet sein.

7. Zur Visualisierung der Ideen müssen Wandtafel, Schreibmaterial etc. vorhanden sein.

8. Um Nachvollziehbarkeit zu gewährleisten, wird ein Schriftführer bestimmt, der alle Äußerungen erfasst, strukturiert und gegebenenfalls auch in einem Protokoll aufzeichnet.

9. Alle Teammitglieder sollen ihre Beiträge durch Zuruf frei vortragen. Kritik von weiteren Beteiligten ist nicht erwünscht. Der Kreativität des Einzelnen sollten keine Grenzen gesetzt sein. Beiträge anderer können aufgegriffen, verknüpft und erweitert werden.

10. Der Gruppenleiter kontrolliert den Verlauf der Sitzung. Neben der Einhaltung der anfangs klar formulierten Aufgabe überwacht er die Beachtung der Regeln und greift bei Problemen ein.

---

[81] Zur Vorbereitung, Durchführung und Nachbearbeitung zeitsparender Besprechungen siehe **Band II** der **Reihe Sozialmanagement**.

[82] Häufig werden die Ergebnisse einer kreativen Arbeitsphase dadurch nachteilig beeinflußt, dass eine erklärende Formulierung von verschiedene Personen unterschiedlich aufgefasst wird. Hier gilt es durch gezielte Rückfrage bei den Gruppenmitgliedern Missverständnisse zu vermeiden.

11. Abschließend werden die Beiträge bewertet, geordnet und für das weitere Vorgehen in einem Problemlösungs- oder Planungsprozess ausgewählt.[83]

Die Frequentierung eines Jugendzentrums in der Stadt A ist gegenüber dem letzten Jahr um ca. 20 % zurückgegangen. In einem Problemlösungsprozess (vgl. **Kap. 6**) werden mehrere Lösungswege erarbeitet. Unter anderem wollen die Mitarbeiter der Begegnungsstätte im Sommer einen Tag der offenen Tür gestalten. Dadurch sollen mehr Jugendliche für die Aktivitäten der Einrichtung gewonnen werden.

Außerdem sollen mit einer solchen Veranstaltung die gesamten Angebote im Zentrum für die Öffentlichkeit transparent dargestellt werden.

Das Personal hat sich entschlossen, in einer weiteren Teamsitzung Ideen für die Ausgestaltung des Festtages zu sammeln. Der Leiter der Gruppe hat als Methode hierfür Brainstorming angeregt und dem Team Regeln und Aufgabenstellung erklärt. Im Besprechungsraum hat sich die Arbeitsgruppe geeinigt, 15 Minuten Ideen ohne Wertung zusammenzutragen. Einer aus der Gruppe hat sich gemeldet, um die Vorschläge in Stichpunkten auf einem DIN A3-Papierbogen zu erfassen. Nachstehende Anregungen werden von den Teammitgliedern eingebracht:

**Beteiligung der Jugendlichen an der Programmgestaltung
Zaubervorstellung
Tanzaufführungen
Abends: Discoveranstaltung
Musikgruppen
Führungen durch das Zentrum
Essen: Bratwürste, Wurstsemmeln, Gulaschsuppe
Ausgestaltung der Räume
Getränke
Workshops: Handwerken, Schminken, Tanzkurs etc.
Einladungen an Interessengruppen, Politiker usw.
Pressemitteilungen
Plakate
Handzettel
Informations-Tafeln mit Fotos, Berichten
. . .**

Nach der Gedankensammlung wird eine Pause eingelegt. Im Anschluss werden die Vorschläge nach festgelegten Kriterien (Finanzen, Interesse der Jugendlichen, personelle Möglichkeiten) beurteilt. Es zeigt sich unter anderem, dass die Einladung einer Musikgruppe nicht finanzierbar ist und für eine Zaubervorstellung kein geeignetes Personal zur Verfügung steht.

---

[83] Für die Bewertung und Auswahl der Ideen bietet sich die demokratische Punktwahlmethode (Kap. 5.6.2.1) oder die Matrixbewertung (Kap. 5.6.2.2) an.

Dafür wird entschieden, dass Interessengruppen und Politiker eingeladen werden sollen und Führungen durch das mit Informations- Tafeln usw. ausgestaltete Zentrum stattfinden. Auch eine Durchführung von Workshops erscheint den Teammitgliedern sehr wichtig.

Aufgrund dieser Erkenntnisse wird der Tag der offenen Tür geplant (vgl. **Band II der Reihe Sozialmanagement**).

A 2.2 Brainwriting

Eine Variation der geschilderten Abläufe des Brainstorming erfolgt im Brainwriting. Die intuitive Zusammenstellung der Ideen findet hier für alle Mitwirkenden schriftlich statt. Einfälle werden beispielsweise auf Kärtchen geschrieben, später gemeinsam auf einem Flip-Chart oder einer Pinnwand angeordnet und in gemeinsamer Besprechung diskutiert.

Erklärung der Technik

Tiefer gehende Aussagen können erzielt werden, wenn jeder Einzelne seine Gedanken zunächst alleine skizziert und die Aufzeichnungen dann an andere Gruppenmitglieder weitergibt, die möglicherweise eigene Einfälle hinzufügen oder bereits vorhandene Anmerkungen weiterentwickeln.

Für diese spezielle Abwandlung sollte Folgendes beachtet werden:

Regeln und Verhaltensweisen beim Brainwriting

1. Die Anwendung der Methode Brainwriting kann mit allen Beteiligten gleichzeitig oder unterteilt in jeweils gleich große Kleingruppen (je drei bis sechs Personen) geschehen.

2. Wie beim Brainstorming sollte die Teilnahme auf freiwilliger Basis ermöglicht werden und äußere Störfaktoren ausgeschaltet sein.

3. Jedes Gruppenmitglied erhält Papier und Schreibgerät.

4. Der Gruppenleiter erklärt eingangs das zu bearbeitende Thema so konkret, dass die Aufgabenstellung für alle Teilnehmer nachvollziehbar ist.

5. Während der Arbeitsphase wird nicht gesprochen.

6. Jeder Einzelne hat ca. zwei bis vier Minuten Zeit, sich Gedanken für Lösungsvorschläge zu überlegen und diese auf ein Blatt zu schreiben. Anschließend wird das Papier an den rechten oder linken Nachbarn weitergereicht, der vorhandene Ausführungen ergänzen und erweitern soll. Ein Austausch der Notizen wird so lange fortgesetzt, bis alle Beteiligten ihre eigenen, mittlerweile vielfach ergänzten Aufzeichnungen zurück erhalten.

7. Ist die Gesamtgruppe aufgeteilt, so findet die Ideensammlung zunächst in den Kleingruppen statt. Nun werden die Vorschläge zwischen den Kleingruppen weitergeleitet, bis alle Gruppen ihre Ergebnisse miteinander ausgetauscht haben.

8. **Am Ende der Arbeitsphase werden die Ideen mit Hilfe von Flip-Charts oder Folien und Overhead-Projektor vorgetragen.**

Beispiel für den Einsatz von Brainwriting

Das Arbeitsteam des Jugendzentrums will durch einen Infostand in der Fußgängerzone der Stadt B Jugendliche und die Öffentlichkeit über die Angebote der Einrichtung informieren. In der Teambesprechung sollen konkrete Vorschläge für die Gestaltung des Infostandes erarbeitet werden. Das Team setzt sich aus vier Mitarbeitern zusammen und einigt sich darauf, mittels Brainwriting Anregungen zu sammeln. Jeder erhält eine Folie und einen Stift und soll in fünf Minuten seine Gedanken vermerken:

Teammitglied A schreibt:	Teammitglied B notiert:
Kassettenrecorder, CD-Spieler, Wandtafel mit Programm ...	*Jugendliche sind mit am Stand, präsentieren sich mit einem Workshop (Portrait zeichnen, eigene Band macht Musik), Sitzgruppe für längere Gespräche, Diskussionen ...*

Teammitglied C merkt an:	Teammitglied D gibt an:
Info-Broschüre entwickeln und in Kopie verteilen, Plakate gestalten ...	*Örtliche Presse rechtzeitig von der geplanten Veranstaltung informieren, „Ärgerkasten" aufstellen, Geschenke für Jugendliche ...*

Nach 5 Minuten werden die Folien weitergereicht. A gibt seine an B, B an C, C an D und D an A. Nach jeweils weiteren 5 Minuten werden die ergänzten Folien erneut weitergegeben, bis am Schluss jedes Teammitglied wieder seine eigene Folie hat. Abschließend präsentiert jeder seine (erweiterte) Ideensammlung am Overhead-Projektor. Diskutierte und ausgewählte Ergebnisse werden in eine Planungsphase übertragen.

A 3 Entspannungstechniken

A 3.1 Meditation

Viele Menschen verwenden einen Großteil ihrer Energie und Kraft für Aktivitäten, die scheinbar Erfolg, Ansehen, Komfort und Vergnügen im beruflichen und privaten Leben nach sich ziehen. Es ist allerdings oft fraglich, ob die Suche nach innerer Zufriedenheit, Ausgeglichenheit oder einem Lebenssinn gelingt und grundlegende Empfindungen, Gedanken und Ereignisse befriedigend erlebt werden (vgl. CRISAND/LYON 1991, S. 56 ff.).

Vorüberlegungen ...

Verschiedene Verfahren der Meditation führen zu einer tiefen Einkehr in sich selbst und zur Besinnung auf elementare Gefühls- und Erlebnisinhalte des persönlichen Lebens. Ziel und Aufgabe eines intensiven geistigen Versenkens und Nachdenkens ist es, innerlich zur Ruhe und Erkenntnis zu kommen.

... zum Thema Meditation

> **„Meditation ist die Fähigkeit, sich zu versenken und so den Weg zu finden, der dorthin führt, wo wir erfahren können, daß wir sind."**
>
> **(MÜLLER-SCHÖLL/PRIEPKE 1992, S. 14)**

Meditation ist ohne Achtsamkeit, d.h. Interesse, Offenheit und erhöhte Aufmerksamkeit für die eigene Persönlichkeit und den umgebenden Lebensraum nicht denkbar. Innere Harmonie, das Gefühl von Einheit und Mitte kann nur durch längere, beständige praktische Erfahrungen erworben werden. Hierbei sind mehrere Prinzipien zu berücksichtigen (vgl. CRISAND/LYON 1991, S. 75 f.): [84]

Verhaltensweisen und Regeln

- Die Körperhaltung sollte aufgerichtet und entspannt sein.
- Das Meditationsobjekt (Bild, Gegenstände etc.) muss beobachtet werden.
- Auftretende Störung des Körpers müssen wahrgenommen werden.
- Störungen durch Gedanken werden nicht verdrängt, sondern sehr genau beobachtet und analysiert.
- Um Stabilität zu gewährleisten, muss der Meditierende den inneren Abstand zum Meditationsobjekt wahren und immer wieder zu seiner Beobachterrolle zurückkehren.
- Die meditierende Person soll in Ruhe anwesend sein.
- Das Bewusstsein soll schrittweise leerer und ruhiger werden.
- Der Meditierende muss sich öffnen.
- Abschließend erfolgt die Rückkehr in das Hier und Jetzt, wobei die erlebten inneren Werte in den Alltag übertragen werden sollen.

---

[84] Die Vielzahl der unterschiedlichen Techniken und Vorgehensweisen der Meditation kann hier nicht umfassend behandelt werden. An dieser Stelle soll deshalb nur eine Orientierungshilfe angeboten werden. Verwiesen sei auf weiterführende Literaturhinweise am Ende des Anhanges (Kap. A 5.2) und Kursangebote verschiedener Institutionen (VHS, Bildungswerke, Vereine etc.).

Ziele der Meditation

1. Der Meditierende kann körperliche und geistige Entspannung erreichen.

2. Verdeckte Energiequellen können aktiviert werden.

3. Es kann die Fähigkeit zum Loslassen und Abschalten erworben werden.

4. Stressanfälligkeit wird abgebaut.

5. Sich und anderen gegenüber wird eine Stärkung der Akzeptanz gefördert.

6. Die Aufmerksamkeit und Selbsterkenntnis wird verbessert.

7. Ein bewussteres Umgehen mit Problemen kann erlernt werden.

Beschreibung einer Ruhe-Meditation

Zur Illustration soll eine Ruhe-Meditation vorgestellt werden. Voraussetzung für eine erfolgreiche Umsetzung ist, dass sich die betreffende Person ausreichend mit der Thematik sowie den verschiedensten Möglichkeiten der Meditation auseinander gesetzt hat und sich bewusst für die gezeigte Technik entschieden hat.

Die Ruhe-Meditation setzt sich aus mehreren Einzelphasen zusammen:

„1. Einen ruhigen, ansprechenden Platz für 20 Min. herrichten.

2. Aufrechte und gelöste Sitzhaltung einnehmen.

3. 10 ruhige, tiefe Atemzüge mitzählen: Ein = 1 / Aus = 1 / Ein = 2 / Aus = 2 /Ein = 3 / Aus = /... Ein = 10 / Aus = 10 /

4. Der Atmung beobachtend zuschauen, ohne einzugreifen.

5. Die Achtsamkeit in punktförmiger Konzentration auf den Naseneingang oder die Bauchbewegung sammeln.

6. Bei Unruhe einatmend „Ruhe" denken, ausatmend „Ruhe".

7. Ablenkungen nicht gedanklich nachgehen, nur wahrnehmen und loslassen.

8. Freundlich die Ablenkungen und die eigene Konzentrationsschwäche akzeptieren.

9. Die Achtsamkeit zum Atem zurückführen.

10. Beenden der Meditation durch drei tiefe Atemzüge und Dehnen des Körpers.

Zum Abschluss eine kurze Rückschau halten:
Was hat mir geholfen, was nicht? Was habe ich erkannt?"
(CRISAND/LYON 1991, S. 74).

A 3.2 Progressive Muskelentspannung

Ein angenehmer körperlicher und geistiger Zustand, verbunden mit einer Reduzierung von Angst, Unsicherheit sowie Unruhe kann mit Hilfe der progressiven Muskelentspannung erreicht werden (vgl. hier und im weiteren WENDLANDT 1995, S. 28 ff.).

Informationen zur ...

Die ursprünglich von EDMUND JACOBSON entwickelte Methode beruht darauf, einzelne Muskelpartien abwechselnd eine kurze Zeit anzuspannen und dann wieder zu entspannen. Beispielsweise wird die linke Hand zur Faust geballt.

Dieser Zustand ist kurze Zeit aufrecht zu erhalten, wobei auf das Spannungsgefühl geachtet werden soll. Anschließend muss die Hand gelockert, die Spannung gelöst und dem Nachlassen der Verspannungen nachgespürt werden.

Im Gegensatz von *Anspannung – Entspannung* wird für den Übenden das Gefühl der Entkrampfung besonders wahrnehmbar. Bei kontinuierlichem Training sind derartig angenehme Empfindungen zunehmend leichter herzustellen, bis schließlich einzelne Muskelgruppen ohne vorherige Anspannung willentlich gelockert werden können.

... progressiven Muskelentspannung

Die Aufgaben sollen auf einem stabilen Stuhl sitzend, in bequemer aufrechter Sitzhaltung ausgeführt werden, wobei einengende Kleidungsstücke auszuziehen oder zu öffnen sind. Die Unterschenkel stehen senkrecht, die Hände liegen entspannt auf den Oberschenkeln, die Fußsohlen berühren den Boden. Die geschilderte Sitzposition lässt sich leicht auf Alltagssituationen übertragen und bietet somit dem Anwender die Möglichkeit, die progressive Muskelentspannung bei Bedarf jederzeit zu nutzen.

Vorgehensweise, ...

Bei den Übungen ist insbesondere auf die richtige Relation zwischen Entspannung und Anspannung zu achten. Erst, wenn kein Druck mehr in einer vorher belasteten Muskelpartie zu spüren ist, wird die Maßnahme fortgeführt.

... wichtige Regeln ...

Die Anspannungsphase sollte (unter Berücksichtigung der persönlichen Befindlichkeit) maximal zehn Sekunden, die Entspannungsphase etwa dreißig Sekunden andauern.

Die progressive Muskelentspannung soll aktiv beendet werden. Eine Anweisung könnte beispielsweise lauten: Ich zähle von eins bis vier, bei vier fühle ich mich wieder gut und bin in der Gruppe präsent. Die Teilnehmer sollten sich abschließend erheben, etwas umhergehen und ihre Gliedmaßen leicht strecken und dehnen.

... und Grundsätze

1. Die progressive Muskelentspannung muss regelmäßig durchgeführt werden.

2. Die verschiedenen Übungsteile müssen schrittweise trainiert und früher erlernte Fertigkeiten wiederholt werden.

3. Nur die ausgewählte Muskelpartie wird angespannt, der restliche Körper soll entspannt bleiben.

4. Die Anspannungsphasen dürfen nicht übertrieben werden.

5. Die eigene Fantasie kann helfen, die Wirkung der Übung noch zu steigern.

6. Bei akuten körperlichen Beschwerden müssen entsprechende Übungsteile unbedingt ausgelassen werden. Es ist nur ein vernünftiger, der augenblicklichen Verfassung angemessener Einsatz der Übung sinnvoll.

Übungsbeispiel

Nachfolgend wird ein Trainingsteil der progressiven Muskelentspannung nach EDMUND JACOBSEN, modifiziert und erweitert durch Wolfgang Wendlandt, beschrieben. Dabei stehen die Abkürzungen E für Entspannung und S für Spannung. Die Entspannungsphase sollte etwa drei- bis fünfmal so lange dauern wie die Spannungsphase.[85]

„E   Ich setze mich so bequem wie möglich. Ich entspanne mich so gut es geht ... Ich spüre die Berührungsflächen Rücken und Stuhl ..., Po und Stuhl ..., spüre die Fußsohlen am Boden ... Ich lasse alle Spannung aus mir abfließen.

S   Jetzt balle ich die rechte Hand zur Faust, ich balle sie fester und fester und achte dabei auf die Spannung in der rechten Hand, im Unterarm. (Linkshänder beginnen mit der linken Hand).

E   Und nun entspanne ich die rechte Hand ..., lasse die Finger der rechten Hand locker werden und beobachte den Unterschied zu vorher ... Ich entspanne rechte Hand und Unterarm, lasse los, einfach los ... und versuche im ganzen Körper zur Ruhe zu kommen ...

S   Noch einmal: Ich balle die rechte Faust ganz fest. Ich halte sie gespannt und beobachte die Spannung.

---

[85] Bei WENDLANDT 1995 ist ein komplettes, differenziertes Lernprogramm zur progressiven Muskelentspannung zu finden.

E   *Nun lasse ich wieder los, entspanne rechte Hand und Unterarm. Meine Finger sind geöffnet, die Hand liegt in der Ausgangsposition. Ich merke den Unterschied zu vorher, spüre, wie die Anspannung geringer wird . . ., wie sich rechte Hand und Unterarm immer mehr lockern . . .*

S   *Jetzt mache ich das gleiche mit der linken Hand: Ich balle die linke Hand zur Faust, während der restliche Körper entspannt bleibt, ich balle die Faust fester und spüre die Spannung im Handrücken, in der Handinnenfläche, im linken Unterarm.*

E   *Und nun entspanne ich wieder. Ich fühle den Unterschied zwischen Spannung und Entspannung . . . Die Finger der linken Hand werden locker, die Anspannung fließt ab, wird geringer . . ., immer geringer. Ich spüre die Finger, die Handinnenfläche, die Berührung der Hand mit dem Oberschenkel.*

S   *Ich wiederhole es noch einmal: Ich spanne die linke Faust ganz fest, spüre die Spannung bis in den Unterarm hinein, spüre den Druck der Fingerkuppen in der Handinnenfläche.*

E   *Und nun entspanne ich wieder – ich fühle den Unterschied zu vorher . . . Ich lasse linke Hand und Unterarm locker und entspannt werden . . . Alle Spannung fließt ab. Ich spüre den linken Daumen . . ., die linke Handinnenfläche . . .*

S   *Jetzt balle ich beide Fäuste (die Unterarme bleiben liegen!), balle sie fester und fester, spüre die Spannung in den Händen, in beiden Unterarmen.*

E   *Und nun entspanne ich wieder. Meine Finger öffnen sich, rechte und linke Hand liegen locker in der Ausgangsposition . . ., ich fühle das Nachlassen der Spannung in beiden Händen und Unterarmen . . . Ich spüre den Stoff unter den Fingern.*

S   *Jetzt winkele ich beide Arme an (Unterarme hochziehen an die Oberarme, ohne die Ellenbogen auszustellen), spanne die Bizeps (beide Hände zur Faust machen), fester und fester, und beobachte die Spannung.*

E   *Nun lege ich die Arme wieder in die Ausgangsposition . . ., entspanne sie . . . und achte auf den Unterschied zu vorher . . . Die Muskeln der Oberarme lockern sich, die Spannung wird geringer . . ., immer geringer.*

S   *Noch einmal: Ich winkele die Arme an und spanne meine Bizeps. Zur Unterstützung balle ich die Fäuste. Ich halte die Spannung und beobachte sie.*

E   *Nun lege ich die Arme wieder in die Ausgangslage und entspanne sie ... Ich lasse die Oberarmmuskeln locker werden und spüre, wie die Anspannung nachläßt ... Ich entspanne mich so gut es geht ... Rechter und linker Arm locker und entspannt ..., beide Hände angenehm warm ... Ich achte jedesmal genau auf meine Empfindungen, einmal, wenn ich anspanne, und dann, wenn ich entspanne.*

S   *Jetzt schiebe ich die Hände auf den Oberschenkeln bis zu den Knien, drehe die Handinnenflächen nach oben und drücke mit den Handrücken fest gegen die Knie. Ich drücke so fest, daß ich deutlich die Spannung in den Muskeln an der Unterseite der Oberarme spüre (Sitzposition dabei nicht verändern, Bauch locker lassen, ruhig weiter atmen).*

E   *Und nun entspanne ich wieder. Ich lege die Arme bequem in die Ausgangslage. Ich konzentriere mich ganz auf das Nachlassen der Spannung in den Oberarmen ... Ich spüre, wie die Anspannung entweicht ... Beide Arme hängen locker aus den Schultern, Oberarme und Unterarme entspannt ... bis in die Fingerspitzen ... Meine Arme fühlen sich angenehm warm an, während ich mich entspanne.*

S   *Noch einmal: Ich strecke die Arme, Handinnenflächen nach oben, und drücke die Hände gegen die Knie, so daß ich die Spannung in den Muskeln an der Rückseite der Oberarme fühle. Ich drücke fest und fühle die Spannung.*

E   *Und nun lasse ich wieder los. Ich spüre den Unterschied zu vorher ... Ich konzentriere mich ganz auf das Nachlassen der Spannung in den Oberarmen ..., ich entspanne sie weiter ..., immer weiter ..., die Oberarme .., die Unterarme ..., die Hände ..., spüre die Entspannung bis in die Fingerspitzen Selbst wenn ich glaube, meine Arme seien nun völlig entspannt, ich versuche noch ein wenig weiterzugehen, ich versuche ein immer tieferes Gefühl der Entspannung zu erreichen ... Die Entspannung breitet sich aus ... Wärme in Händen und Armen ... Ich genieße dieses angenehme Gefühl für ein Weilchen.*

> *Und jetzt zähle ich langsam rückwärts von 4 bis 1.*
> *Bei 1 bin ich wieder wach und munter,*
> *wie nach einem guten Schlaf."*
> (WENDLANDT 1992, S. 38ff.)

A 4 Kommunikationsübungen

A 4.1 Blitzlicht

Bei der Kommunikationsübung „Blitzlicht" wird allen Teilnehmern einer Gruppe die Möglichkeit gegeben, zu einer Gegebenheit oder Sachlage, ihr persönliches Resümee bzw. Fazit zu ziehen. Ziel ist es, „innerhalb weniger Minuten eine Momentaufnahme der Gruppensituation bezüglich eines bestimmten Problems herzustellen (vgl. BELARDI 1980, S. 167).

Inhaltliche Darstellung, …

Vor Beginn der Übung muss allen Teilnehmern die methodische Vorgehensweise bekannt sein. Abhängig von den Wünschen und/oder Ansprüchen des Dozenten bzw. der Gruppe kann der Ablauf hinsichtlich Reihenfolge der Wortmeldungen sowie Zeitdauer und Inhalte variieren.

… Ablauf und …

Jeder Veranstaltungsteilnehmer soll sich zu einem vorher festgelegten Thema kurz und prägnant äußern. Dies kann sowohl – wie im nachfolgenden Beispiel aufgezeigt wird – anhand eines Fragenkataloges oder aber ohne strukturelle Vorgaben geschehen. Für die Seminargemeinschaft und den Dozenten gibt das Blitzlicht Aufschluss und Klarheit über die augenblickliche Situation.

1. Die Reihenfolge der Meinungsäußerungen bestimmt der Dozent oder Gruppenleiter (evtl. in Absprache mit der Gruppe).

… Hinweise zum Blitzlicht

2. Jeder Einzelne muss sich in maximal 1–3 Minuten auf wesentliche Aussagen beschränken.

3. Das Blitzlicht soll kein Diskussionsforum bilden.

4. Es kann den Teilnehmern in begründeten Fällen freigestellt werden, sich zu äußern.

5. Je nach Zielsetzung und Aufgabe der Gruppenzusammenkunft kann der Leiter das Blitzlicht kommentieren.

6. Vorgegebene Fragen dienen einerseits als Hilfestellung, können andererseits aber auch die Kreativität hemmen.

Eine aus 12 Personen bestehende Arbeitsgruppe besucht ein Wochenendseminar zur Thematik „Zielfindung für die Organisation". Inhalte des Seminars sind Theorieeinheiten zur Zielfindung, Kleingruppenarbeiten, Präsentationen, Entspannungsübungen und Interaktionsspiele. Am Ende des Lehrganges sollen die Teilnehmer sich zu folgenden Fragen äußern:

Beschreibung einer Einsatzmöglichkeit

a) *Welche für mich wichtigen Erfahrungen / Erkenntnisse nehme ich mit nach Hause?*

b) *Welche Perspektiven für die Anwendung sehe ich?*

c) Wie habe ich mich, die Gruppe, den Dozenten erlebt?

d) Was wäre ich zum Schluss gerne noch losgeworden?

Jeder Gruppenteilnehmer gibt einen kurzen (1–2 Minuten) Kommentar. Der Dozent notiert sich stichpunktartig die Äußerungen:

**Das Seminar hat Spaß gemacht und die Themen
sind anschaulich dargestellt worden.
Die Räumlichkeiten sind nicht ausreichend.
Die Gruppenergebnisse sollten mit DIN A 4 Folien präsentiert werden.
Die Mischung zwischen den Entspannungsübungen
und Theorieeinheiten waren gut.
Ich bin völlig erschöpft.
Ich benötige mehr Zeit und am Schluss war es zu schnell und hektisch.
Die dargestellten Inhalte sind in der Praxis für mich anwendbar.**

. . .

. . .

Die Ergebnisse werden nicht weiter kommentiert, finden jedoch als zusätzliche Impulse für kommende Seminare des Gruppenleiters Berücksichtigung.

A 4.2 Feedback

Definition

Feedback bezeichnet eine reflektierte Rückmeldung anderer Personen auf eigene Verhaltensweisen und unterstützt dabei, „die Beziehung zu anderen zu klären, den anderen und sich selbst besser kennen zu lernen und besser zu verstehen"(hierzu und im Folgenden SEIFERT 1995, S. 72).

Wirkungsweisen von Feedback

Feedback bewirkt, dass involvierte Individuen sich ihrer Verhaltensweisen bewusst werden, sich selber einschätzen lernen und erkennen können, welche Folgen die eigene Handlungsweise auslöst. Die verschiedenen Übungen eignen sich besonders zur Beseitigung emotionaler Störungen in Gruppen und können darüber hinaus zur Verdeutlichung der vorliegendem Bedingungen zwischenmenschlicher Kontakte beitragen.

Handlungsanweisung ...

Der Gruppenleiter erläutert eingangs allen die Feedback-Regeln und überwacht deren Einhaltung während der Maßnahme. Im Allgemeinen wird jeder aus der Gemeinschaft seine Feststellungen und Eindrücke formulieren und dem Gruppenmitglied/Gegenüber im persönlichen Kontakt mitteilen. Der Betroffene wiederum wird sich zu den Darlegungen nicht äußern, sondern die Wortmeldungen lediglich aufnehmen. Danach werden abwechselnd die Rollen getauscht und abschließend die Ergebnisse ausgewertet.

... Regeln und Grundsätze

„1. Gib Feed-back, wenn der andere es auch hören kann.

2. Feed-back soll so ausführlich und konkret wie möglich sein.

3. Teilen Sie Ihre Wahrnehmungen als Wahrnehmungen, Ihre Vermutungen als Vermutungen und Ihre Gefühle als Ihre Gefühle mit.

4. Feed-back soll den anderen nicht analysieren.

5. Feed-back soll auch gerade positive Gefühle und Wahrnehmungen umfassen.

6. Feed-back soll umkehrbar sein.

7. Feed-back soll die Informationskapazitäten des anderen berücksichtigen.

8. Feed-back soll sich auf begrenztes konkretes Verhalten beziehen.

9. Feed-back sollte möglichst unmittelbar erfolgen.

10. Die Aufnahme von Feed-back ist dann am günstigsten, wenn der Partner es sich wünscht.

11. Sie sollten Feed-back nur annehmen, wenn Sie dazu auch in der Lage sind.

12. Wenn Sie Feed-back annehmen – hören Sie zunächst nur ruhig zu.

13. Feed-back-Geben bedeutet, Information zu geben und nicht den anderen zu verändern." (SCHWÄBISCH/SIEMS 1974, S. 69)

Das Team einer Beratungsstelle der Stadt I besucht eine zweitägige Fortbildungsveranstaltung. Der Dozent und die Gruppe einigen sich darauf, die Feedback-Übung „Heißer Stuhl" durchzuführen, um eine intensivere Verhaltenswahrnehmung zu erreichen (vgl. VOPEL 1996, S. 73 ff.). Innerhalb der Arbeitsgemeinschaft sind bereits gruppendynamische Vorerfahrungen gegeben und es besteht eine hinreichend gute Vertrauensbasis. Das Spiel ist bekannt. Dennoch werden sowohl die Feedback-Regeln als auch der Spielverlauf nochmals kurz erläutert:

Exemplarische Darstellung

1. Wer eine Rückmeldung von anderen Gruppenteilnehmern bekommen will, setzt sich neben den Dozenten auf den freien („heißen") Stuhl.

2. Es sollen Kritik und Wertschätzung, bezogen auf das Verhalten, welches der „Feedback-Nehmer" bisher in der Gruppe gezeigt hat, geäußert werden.

3. Derjenige, der Platz genommen hat, fordert die anderen auf sich zu äußern, was ihnen an seinem Verhalten gefällt und was nicht.

4. Jeder Einzelne, der nun ein Feedback geben will, steht auf und geht zu dem Kollegen, der auf dem heißen Stuhl sitzt, und formuliert seine anerkennenden und negativen Reaktionen (Lob und Tadel).

171

5. Der Feedback-Nehmer nimmt ohne Kommentar die Äußerungen seines Gegenübers auf.

6. Die anderen Gruppenmitglieder sind leise.

7. Sollte genügend Feedback gegeben worden sein, so wird der Vorgang jeweils durch rituelle Sätze beendet werden („Danke für euere Äußerungen. Ich will darüber nachdenken. Ich bin aber nicht hier, um euren Ansprüchen zu genügen." etc.).

8. Die Teilnehmer wechseln sich auf dem heißen Stuhl ab.

Abschließend findet eine Auswertungsphase unter folgenden Gesichtspunkten statt:

a) Wie habe ich mich auf den heißen Stuhl gefühlt?

b) Welches Feedback will ich annehmen und welches nicht?

c) Habe ich genügend Rückmeldungen bekommen?

d) Möchte ich in Zukunft häufiger von bestimmten Personen ein Feedback bekommen?

e) Waren meiner Meinung nach genügend Personen bereit, Feedback zu nehmen und zu geben?

f) Möchte ich abschließend noch etwas sagen?

A 5 Literaturnachweis für den Anhang

A 5.1 Verwendete Literatur

BELARDI, NANDO:
Didaktik und Methodik sozialer Arbeit, Frankfurt am Main 1980

BRAUCHLIN, EMIL / HEENE ROBERT:
Problemlösungs- und Entscheidungsmethodik – Eine Einführung, 4. Auflage, Bern 1995

CRISAND, EKKEHARD / LYON, URSULA:
Anti-Streß–Training, 2. Auflage, Heidelberg 1991

MÜLLER-SCHÖLL, ALBRECHT / PRIEPKE, MANFRED:
Sozialmanagement, 3. Auflage, Neuwied 1992

SCHWÄBISCH, LUTZ / SIEMS, MARTIN:
Anleitung zum sozialen Lernen für Paare, Gruppen und Erzieher, 2. Auflage, Reinbek bei Hamburg 1974

SEIFERT, JOSEF W.:
Visualisieren – Präsentieren – Moderieren, 8. Auflage, Offenbach 1995

VOPEL, KLAUS W.:
Interaktionsspiele , Teil 1, 8. Auflage, Salzhausen 1996

WENDLANDT, WOLFGANG:
Entspannung im Alltag, 2. Auflage, Weinheim 1995

A 5.2 Literaturempfehlungen

BENSON, BERNARD:
Der Weg ins Glück, Hamburg 1987

BIRKENBIHL, VERA F.:
Kommunikationstraining, 18. Auflage, Landsberg am Lech 1997

BROICH, JOSEF:
Anwärmspiele, Neuwied 1995

BROICH, JOSEF:
Körper- und Bewegungsspiele, 3. Auflage, Köln 1994

BROICH, JOSEF:
Rollenspiele mit Erwachsenen, 4. Auflage, Köln 1992

BROICH, JOSEF:
Sprachspiele, Köln 1993

CHUEN, LAM KAM:
Energie und Lebenskraft durch Chi Gong, München 1993

FONTANA, DAVID:
Kursbuch Meditation, Bern 1994

FRENCH, WENDELL L. / BELL, CECIL H. JR.:
Organisationsentwicklung, 3. Auflage, Bern 1990

FRIEBEL, VOLKER:
Gelassenheit und Ruhe, Stuttgart 1994

GAWLER, IAN:
Die Mitte finden, Bern 1993

MEUTES-WILSING, ADELHEID / BOSSERT, JUDITH:
ZEN für jeden Tag, München 1994

PETERMANN, FRANZ / VAITL, DIETER:
Handbuch der Entspannungsverfahren – Band 2: Anwendungen, Weinheim 1994

RAAB, PETER:
Meditieren – wie und wo, Freiburg 1995

VOPEL, KLAUS W.:
Anwärmspiele – Teil 1, 6. Auflage, Salzhausen 1996

VOPEL, KLAUS W.:
Anwärmspiele – Teil 2, Salzhausen 1996

WEBER, HERMANN:
Arbeitskatalog der Übungen und Spiele, Essen 1981

A 6 Hinweise zur Anwendung der beigefügten Diskette

Den einzelnen Bänden der **Reihe Sozialmanagement** wird jeweils eine Diskette beigegeben, auf der sämtliche im Band vorgestellten Fragebögen, Checklisten und Vordrucke als Kopiervorlagen für den Praxiseinsatz enthalten sind.

Die Beigabe der Kopiervorlagen in Diskettenform erlaubt es dem Nutzer, mit Hilfe seines PCs individuelle Veränderungen oder Ergänzungen an den Arbeitsunterlagen vorzunehmen.

Kopiervorlagen sind den Bänden durch römische Zahlen (I) zugeordnet und durch arabische (1) laufend nummeriert, so dass ein leichtes eindeutiges Auffinden auf der Diskette möglich ist.

Die Kopiervorlagen sind sowohl im Format **Microsoft Word für Windows 95** wie auch **Microsoft Word für Windows 97** als fortlaufender Text (KV-1–95.doc und KV-1–97.doc) enthalten. Die Einbindung der Grafiken in den Word-Text erfolgte über die Tabellenfunktion oder überwiegend als Microsoft-Drawing Element.[86]

Abhängig von der Konfiguration des zur Verfügung stehenden PC-Systems, dem verwendeten Textverarbeitungsprogramm, der eingesetzten Druckertreibersoftware und dem installierten Betriebssystem kann es zum Teil deutliche Abweichungen bei der Darstellung und dementsprechend auch beim Ausdruck der Kopiervorlagen geben.

Der Anwender, der die Kopiervorlage für seine Arbeit verwenden will, muss deshalb möglicherweise die Grafikdarstellung für sein PC-System angleichen. Hinweise für die Eingliederung und Anpassung von Grafikelementen im Textverarbeitungsprogramm entnehmen Sie bitte dem Handbuch Ihres Software- Programms und der Online-Hilfe.

---

[86] Windows, Microsoft Word und Microsoft Drawing sind eingetragene Markenzeichen der Microsoft Corporation in den USA und anderen Ländern.